（世界500强高效管理笔记）

管理得越少，
管理得越好

王晓岗 ◎ 著

中国商业出版社

图书在版编目（CIP）数据

管理得越少，管理得越好 / 王晓岗著. — 北京：中国商业出版社，2018.6
（世界500强高效管理笔记）
ISBN 978-7-5208-0422-6

Ⅰ.①管… Ⅱ.①王… Ⅲ.①企业管理 Ⅳ.①F272

中国版本图书馆CIP数据核字（2018）第128812号

责任编辑：唐伟荣

中国商业出版社出版发行
010-63180647　www.c-cbook.com
（100053　北京广安门内报国寺1号）
新华书店经销
北京彩虹伟业印刷有限公司印刷

*

710×1000毫米　1/16　15印张　200千字
2018年8月第1版　2018年8月第1次印刷
定价：48.00元

* * *

（如有印装质量问题可更换）

前 言

有什么样的管理者,就有什么样的企业。一家企业能不能做强、做大,跟管理者的做事风格有很大的关系。为什么有的企业一直做不大呢?因为这些管理者的心胸狭窄,他只看重自己,其他的人他都不信任。不仅对员工的能力不放心,而且对他们的人品也不放心,所以大事小事他都是自己在忙。结果呢,管理者越来越忙,企业的效益却越来越低。

没有无用的下属,只有无能的领导。管理者应该做最重要、最紧要的事,而不是一天到晚大包大揽,束缚住员工的手脚。优秀的管理者懂得抓大放小,通过充分授权激发团队成员的潜能与活力,结果组织效率非常高。

2001年,鸿海集团旗下最大的一块事业版图——富士康控股公司成立了手机制造单元。当时,郭台铭聘用的总经理是戴丰树——拥有东京帝国大学博士学位,并且在丰田汽车工作了八年。

对此,许多人产生了疑问,一个做车子的,能把手机做好吗?郭台铭的回答既自信又大胆:"车子的零件有两千多种,但手机只有两百多种,你说能不能做好?"果然,戴丰树不负众望,从欧洲关键零件到美国设厂,他一开始就参与手机的全球布局,五年间鸿海创造出来的营业收入大约是两千亿新台币,也是鸿海2006年成长最快速的部门。

由此可见,人的潜能是无限的,把人才变成将才,就能战无不胜。这应该成为每一位管理者的座右铭。优秀的管理者为了发挥人才的价值，会在企业里打造这样一种文化：只要你是人才，就不怕没有用武之地。

东方希望集团董事长刘永行说："公司做大了，必须转变凡事亲力亲为的观念。一定要让职业经理人来做，强调分工合作。我原来一人管十几个私营公司，整天忙得不得了。后来自己明白了，是权力太集中，所以痛下决心，大胆放权。放权之后，我现在每天有七八个小时的学习时间。"

任何一家公司若想要成功，关键之一在于老板能否放权与分权。为什么这么说呢？公司越是发展，业务越是复杂，领导人越要看到自己在整体组织运行中的支持作用，而不是替代作用。这时候，就要求老板处理好权力分散与集中的关系。

通用电气公司原总裁杰克·韦尔奇说："如果团队的大部分人是在被迫前进，那么这无疑是一种失败。管理只能建立在领导的基础之上，而不能将领导建立在管理的基础之上。"

因此，企业规模扩大以后，管理者必须在经营思路上作出改变，学会做"教练"，而不是过多地介入具体工作。"大权独揽，小权分散"，善于授权的领导者才有水平，企业才能良性发展。这是世界500强企业的高效管理之道，也是每一位领导者必须学习和实践的经营之法。

目　录

第01章　高效管理的本质是"简单"

管理得越少越好　　　　　　　　　　　　　002
只走一条路——正直　　　　　　　　　　　006
不该管的事让别人管去　　　　　　　　　　012
企业管理必须简单　　　　　　　　　　　　015
指挥千军万马，不如善点将才　　　　　　　018
事无巨细的管理会事倍功半　　　　　　　　020
不要侵入他人"领地"　　　　　　　　　　022
不要介入派别之争　　　　　　　　　　　　026
只需管头管脚　　　　　　　　　　　　　　029
管理没有天才，人人都可学会　　　　　　　030
如何简单增强你的说服力　　　　　　　　　033

第02章　抓决策才是管理者的第一要务

明确决策流程是科学决策的前提　　　　　　038
充分获取有效信息　　　　　　　　　　　　042

制定远大的发展目标　　　　　　　　　　　　044
　　管理者不作太多决策，只作重大决策　　　　　046
　　熟练运用决策分析　　　　　　　　　　　　　049
　　把握决策的时机　　　　　　　　　　　　　　051
　　学会放弃旧有的包袱　　　　　　　　　　　　054

第03章　团队高效运作重在"知人善用"

　　扬长避短识人才　　　　　　　　　　　　　　058
　　用人不疑，疑人不用　　　　　　　　　　　　059
　　走出"人才"误区　　　　　　　　　　　　　061
　　盲目裁员不可取　　　　　　　　　　　　　　065
　　用人要遵循的简单原则　　　　　　　　　　　067
　　敢于、善于选用比自己能力强的人　　　　　　069
　　不拘一格，大胆起用年轻人　　　　　　　　　071
　　成功有效地用人　　　　　　　　　　　　　　073
　　得强者方能得天下　　　　　　　　　　　　　077
　　知人善用，把人才放在合适的位置上　　　　　080
　　举贤不避亲　　　　　　　　　　　　　　　　083
　　善用略有瑕疵的优秀人才　　　　　　　　　　085
　　把每个人都当作"天才"来用　　　　　　　　089
　　多样化的人才与后备人才的储备　　　　　　　092

第04章　不懂得授权就无法走上管理的快车道

　　放手让下属自己去干　　　　　　　　　　　　098
　　不懂得授权就不是合格的管理者　　　　　　　099

谁的"猴子"谁来背 104
检查员工工作的技巧 105
给下属授权要讲究策略和技巧 109
在对下属的支持中把授权落在实处 111
管理者在跟进中实现对权力的有效监控 112
让员工集责权于一身，独立处理问题 116
让副职成为"权力大使" 118

第05章 把控权力：该放就放，该收就收

管理者不能凡事都亲力亲为 122
揽大权，散小权 124
大度升职，让员工都能分享权力 126
不可做"甩手掌柜" 128
不要滥用权力 130
谨防下属拥"兵"自重 132
摒弃合理授权的各种障碍 133
把握必要权力，防止授权失控 136
不要省掉"检查工作"这一环节 138
谨防"反授权" 141

第06章 放开员工的手脚，束缚自己的权力欲

通过授权提升领导力 144
接受的工作越重要，员工越有干劲 147
集权不如放权更有效 149
领导的任务不是替下属做事 152

放权方可释放权力的效力　155
有效授权必须经过充分准备　156
信任是授权的精髓和支柱　159
授权需把握时机，注意细节　162
选好对象是成功授权的关键　165
"地位"可有效调动员工热情　168
合理监控与大胆授权同等重要　170
权力与责任必须平衡对等　174

第07章　好的愿景让管理事半功倍

树立共同愿景　178
用共同愿景来刺激员工　181
不问得到什么，只问贡献什么　183
管理需要建立预期　186
员工的热情源自对企业未来的信心　188
树立危机意识　190
铸造根深蒂固的企业文化理念　192

第08章　成功的管理就是简单又轻松

耐克的成功法宝：虚拟经营　198
成功从借鸡生蛋开始　200
合作的目的是实现双赢　203
别人走过的路，不屑去走　204
别把经验看得那么重　207
重新定位，从根本上扭转局面　210

为什么那么多人选择奔驰	212
"可口可乐"的诞生	214
用尽全力时别忘了外力	216
有创新才有成功	218
AOL 的成功之道：贴近消费者	220
搭"顺风车"是成功的捷径	223
最重要是要有远见	226
巴菲特的管理理论	227
管理得越简单越好	229

第 01 章

高效管理的本质是"简单"

管理得越少越好

杰克·韦尔奇对"管理"的理解是"越少越好"。他对"管理者"重新进行了定义：过去的管理者是"经理"，表现为控制者、干预者、约束者和阻挡者；现在的管理者应该是"领导"，表现为解放者、协助者、激励者和教导者。韦尔奇的"不去管理"，并非认为管理者可以自由放任不进行管理，而是强调不要陷入过度的管理之中。杰克·韦尔奇把管理行为界定为：清楚地告诉人们如何做得更好，并且能够描绘出远景构想来激发员工的努力。用他自己的话说，就是"传达思想，分配资源，然后让开道路"。激发热情的方式，是允许员工们有更大的自由和更多的责任。在通用（GE），有两种人必须离开：一是违反道德原则的人；二是控制欲强、保守、暴虐和压制别人，并不愿改变的人。

韦尔奇认为，经营管理的规范过度必然使企业的各项活动变得迟缓。韦尔奇强调，管理不需要太复杂，因为经营活动实际上非常简单；你熟悉有限的竞争对手和自己的营销市场范围，这种熟悉的程度远远会比从2000个选项中进行选择来得简单容易。对韦尔奇来说，经营一个成功企业的秘诀在于确信企业所有的关键决策者都能了解所有同样关键的实际情况。如果他们充分了解了实际情况，大家就会在如何解决实际问题中达成一致的结论。韦尔奇对企业管理者的建议是："管理得越少，公司会越好。"

1960年10月17日，也就是韦尔奇上班的第一天，他就感觉到了GE"令人窒息"的官僚主义气息，并一度决定离开这家公司。多亏一位非常有远见的上司极力挽留和特别承诺，才使他在最后关头改变了主意，决定继续留在GE。结果，同事们为他举办的"欢送会"，变成了杰克·韦尔奇决定留在GE的"新闻发布会"。

在升任董事长兼CEO之前的21年里，他对GE内部官僚体制的认识愈加深刻，也愈加深恶痛绝。他认为通用已产生了"广泛的、过度的官僚体制"，它窒息了创造性和激情；它浪费了通用无数的财富；它使沟通变得异常困难，以至于在正式会议上，不少经理不得不靠从幕僚那里得到的"内幕消息"来吓唬下级（因为正规的报告里几乎没有真实的信息）。

因此在上任之后，尽管有来自方方面面的压力，韦尔奇依然决定重击官僚主义，而且是要"果断地采取行动"。

在 GE 当时的 40 多万名员工中，有 2.5 万人具有"经理"头衔，其中的 500 名是高级经理，130 名是副总裁或者处于更高的地位。太多的员工及管理人员不仅消耗了大量宝贵的资源，更使公司内部沟通困难、人浮于事，不能对外界的变化采取及时的行动，从而极大地削弱了公司的竞争能力和盈利能力。

在"整顿、出售，或者关闭"战略思想的指导下，韦尔奇毅然发动了大规模重组活动。重组涉及 GE 内部 350 个业务组织的每个角落，包括这些组织中的首席执行官。在 5 年的时间里，总量超过 11.8 万、约占公司 25% 的员工在大规模重组中失去了工作岗位。更令人惊叹的是，经过持续努力，从 1981 年到 1992 年，公司总部的行政管理人员从 1700 人减少到了 400 人，而 GE 在此期间则一直保持高速增长。用韦尔奇自己的话来说，"我们管理得越少，却管理得更好了。"

重组和裁员后的 GE 看起来比以前更小也更加灵活，管理费用大大降低，同时也为下一步改革做好了准备。

首先是减少管理层次。在 1980 年年底，GE 内部拥有"太多的管理层级"，2.5 万名经理平均每人只负责 7 个方面的工作。从韦尔奇本人到工厂之间共有 12 个管理层级、5 个主要管理层：公司（Corporation）、区域部（Sector）、事业部（Group）、事业分部（DM－Sion）和工厂（Plant）。更令他不能容忍的是，这些管理者"除了审查下级的活动之外几乎什么也不做"。同时，由于机构庞大、管理层次过多，公司的人心难以凝聚，决策过程复杂而漫长，难以适应瞬息万变的市场竞争需要。

针对这种情况，韦尔奇将过去的350个事业部重组为38个战略经营单位，并在1987年进一步合并为14个产业集团。主要管理层也相应地由原来的5个减少到3个，形成了公司——产业集团——工厂三级管理体系。

此举消除了"不必要的指挥关系"，各主要管理层的角色（权限和责任）也更加明确，依次为：投资中心、利润中心和成本中心。每个管理者平均负责的工作由原来的7个变为15个，在工作效率提高的同时，因职责范围的扩大而有效地锻炼了人才。另外，决策点的前移使决策变得更灵活、更迅速，企业的竞争能力相应增强。

正是由于受到韦尔奇的"管理得越少越好"理论的指导，美国克莱斯勒公司才能在危急时刻扭转乾坤，转危为安。

美国克莱斯勒公司在20世纪70年代深受大企业病的困扰，在1978—1981年间，亏损36亿美元，濒临破产。艾科卡上任后，首先就将52个工厂消减为36个，拍卖海外企业和设备用于筹集发展资金，裁员一半，包括大量管理人员。2年后扭亏盈利2.5亿美元。精简使克莱斯勒公司起死回生。

在实行精简以前，惠普公司有着很宽的产品线，从高端服务器到低端打印机，产品和服务达80多种。以前，惠普公司的组织模式按产品划分为17大类，每个产品部门再以客户为中心进行部门划分，如市场、销售、服务、研究开发等。惠普公司拥有庞大的组织层次——全球400多个分公司、80多个产品中心、销售部门、生产厂、市场部和财务部。

惠普公司前CEO卡莉决心改变这种臃肿的组织层次，把惠普公司变成"全面客户体验"服务模式。这就需要把条块打散，把众多的部门重新整合，并按照客户种类和需求进行划分。卡莉只花费了两个多月的时间，就完成了精简的手术：所有销售部门统一起来，然后按不同客户重新划分成全球客户、大客户、中小客户三大部门；所有从事技术研发和生产的部门也重组成三大部门，分别是计算系统部、图像及打印系统部、消费电子产品部。最终，整个公司的格局变得非常简单：前面三个客户销售服务部门、后面三个产品部门。改革之后，惠普公司的每一位销售人员所代表的都是惠普全线的产品和服务，而且客户从选购到服务的整个过程中，惠普公司都有专门的人员一直与客户保持互动关系。对于客户来说，惠普公司只有唯一的出口，而不再是17个出口。

IBM公司简直就是一头"大象"，但是它绝对是一家善于精简的公司。在1980年以前，由于组织极其臃肿复杂，公司管理层总是无法掌握业务层面的真实面目，于是赶紧砍掉了许多官僚机构，建立了直接向主席报告的任务小组，之后才研究PC机，并且占有了80%的市场份额。但是1985年以后，IBM公司又原地踏步，该年经历了50亿美元的巨额亏损，它又像一个垄断者一样臃肿和官僚（一个执行副总裁与主席之间至少有7个管理层），"大象"又开始笨重起来。这倒是给了郭士纳大动干戈的机会，他自1993年以后就致力于通过精简让"大象"跳舞。郭士纳的精简方法很简单，就是加法和减法，先把IBM公司不具有竞争力和亏损的业务全部采用减法卖掉（硬盘、管理软件、一些大楼等），然后把IBM具有竞争优势的资源全部加在一起，整合成四大业务集团，分别是硬件集团、软件集团、全球服务集团和技术集团。IBM公司从此一路好转，成为全球最具潜力的技术公司。仅仅是IBM全球服务部，自1996年组建以来，到2001年时，年收入就达到了惊人的250亿美元。"大象"开始跳起了欢快的舞蹈。

也有很多对组织臃肿视而不见的管理者，有一家中国公司更努力让公司臃肿无比，它的结果如何呢？这家公司迅速在几年间经历了从0～80亿元，然后再从80亿元～0的商业游戏。它就是几年前疯狂销售口服液的三株公司。该公司只用几年时间，就迅速建立了比中国邮政网络还复杂的销售组织，管理层由不到200人增加到2000人，公司完全陷入无管理秩序的状态，总公司根本不知道如何衡量子公司的销售业绩，更无法监督。这个疯狂的公司最终宣布破产。

企业的竞争集中体现在人力资源的配置上，而配置的优化需要企业的组织结构来实现。某些企业的人才并不差，但却受制于复杂的层级制结构。管理层级太多、效率低下的缺点抵消了人才优势。一些企业特别是一些大企业管理层级过多，管理中心下达的指令必须经过许多层级的接转才能到达生产或业务现场，并且在信息传递的过程中，由于层级多，产生误差的几率大大增加，经常出现信息失真现象。这就要求企业在必要的时候，要懂得轻装上阵。

只走一条路——正直

GE2001股东年会于2001年4月25日在美国乔治亚州亚特兰大市召开。这次大会是首席执行官杰克·韦尔奇在退休前致股东们的最后一次汇报。在这次大会上，韦尔奇这样说：

"诚信，永远是最首要的一条价值观。诚实意味着遵纪守法，不仅是字面上而且是精神上。但它不仅仅是指守法，它存在于我们拥有的每一种关系的核心。有了基于诚信的信任，我们的员工就可以制定业绩目标并相信我们'没有实现目标并不意味着会受到惩罚'的承诺。

"在我们对外与工会和政府打交道时，我们可以自由地以一种建设性方式代表我们的立场：不管是'同意'还是'不同意'，我们内心知道我们的诚信是毋庸置疑的。转型时期是充满变革的时期，我们的一些价值观念会为了适应未来的挑战而有所调整，但有一条不会，那就是我们对诚信的承诺。这意味着我们不只去正确地做每一件事，而是每次都要做正确的事。

"我们公司和员工最关注的就是'诚信'。常常有人问：'在GE你最担心什么？''什么事会使你彻夜不眠？'其实并不是GE的业务使我担心，而是有什么人做了从法律上看非常愚蠢的事而给公司的声誉带来污点，并把他们自己和他们的家庭毁于一旦。我们绝对在诚信上不可有任何的松懈。'诚信'讲得再多也不够。诚信不仅仅是法律术语，更是广泛的原则。它是指导我们行为的一套价值观——指导我们去做正确的事情，而不仅仅是合法的事情。"

和诚信一样，正直也是韦尔奇价值观中重要的一环。韦尔奇在1987年对全公司范围内发放了一本80页的小册子：《正直：我们责任的精神与体现》。每一个新雇员必须阅读这本小册子，并在书中附的卡片上签字（或用电子邮件确认）以证明他读过，并且其他雇员也必须每年读一遍。在这本小册子里，韦尔奇这样表述他对正直的定义："正直是我们建立成功企业的基石——包括我们产品与服务的品质；我们与客户和供应商之间直率的关系；以及我们赢得胜利的记录。通用电气以卓越的竞争探求为起点，以对伦理行为的承诺为终点。"

他要求所有的通用电气员工都要亲自作出承诺：遵循通用电气的行为准则，遵守生效的法规，避免利益的冲突，做到诚实、公正、值得信赖。

韦尔奇说：

"我不能向这个房间内的任何人保证你不是一个小偷，你没有偷任何东西或者今早抢了东西。我能肯定的是，如果我知道你干了，你将被解雇。我们有这样的行为准则——我们每个人都知道，如果他做了某些不该做的事，他将被立刻开除。

"我指出过：我不可能一个人维持整个组织行为的完美无缺，但我有一套价值观——正直。我们在每次会议上都谈到它。违反这个原则，没有任何商量，你被开除了，并且我们有许多员工被逐出公司的事例。"

当被问到是否会立即开除呢？韦尔奇答道："立即。他们有一次听证会的机会，但他们都走了。没有任何捷径可走——'眨眨眼'，装看不见？对任何行为我们都从不眨眼。"

韦尔奇是这样说的，也是这样做的。

1985年3月26日，通用电气公司面临它成立以来最严重的考验。在这致命的一天里，通用电气被联邦陪审团起诉了两个案子：其一是通用电气航天事业部在雇员考勤卡上错误地计入80万美元的成本；其二是通用电气就其担负的核弹头系统业务向政府说谎。通用电气的这项业务是由美国空军与核公司签订的金额达4090万美元合同引起的，该合同要求通用电气彻底检查洲际弹道导弹上的引爆装置。

韦尔奇的首要目标是快速地重新掌握通用的命运。在简单的调查之后，他相信通用的确犯了错误。当政府攻击通用的时候，他拒绝扮演对立的角色。相反，他让通用和指控的检察官成为盟友，因此赢得政府官员的信任。通用和联邦政府的调查员充分合作，并且为员工的失职行为负起责任。韦尔奇确定通用的确多领了政府的款项，公司马上退回80万美元。其中一位主管在法庭俯首认罪时，通用也坦然承认了罪行。

在通用被起诉的三周之内，韦尔奇亲自打电话给奥尔部长，提出一个周详的计划清理善后，并且防范未来发生类似的事件。他同意每个月亲自呈递一份进度报告给奥尔，同时在通用内部成立了一个高层的审查会，负责监督韦尔奇同意的承诺以及责成专人调查失职的问题。

1992年7月，韦尔奇在能源与商务监督调查委员会的附属委员会作证。他并不为通用电气的错误寻找借口，他对委员会说：

"偷1美元也是偷，欺诈毕竟是欺诈。

"有这样一种幼稚的观点：鼓励上进的气氛就是鼓励违规的气氛……在奥林匹克运动会上，我们常听人们谈到关于类固醇的怀疑，我们也听到人们怀疑是否竞争的压力促使人们去作弊。而那些违规行为给真正的优胜者也造成了不良影响。

第 01 章
高效管理的本质是"简单"

"怎样去解决呢？让运动员跑得更慢，跳得更低，这样他们就可以摆脱怀疑了吗？我们的观点是，你必须尽可能快地去跑，尽可能高地去跳，但如果你违反了规则，你的奖牌要被取消，你将永远被禁赛。这就是我们关于竞争与正直的观点，并且我们公司的每一个管理者都将此观念加以传播。竞争的结果必须要写在正直的黑板上。我们的竞争观念不仅要与正直同行，而且要建立在正直的基础上。谁能说出色与竞争是同诚实与正直不相容的吗？"

韦尔奇继续解释，对那些违反道德准则的人没有第二次机会：

"在通用电气没有人会因为失掉一个地区……失掉一个年份……或一个错误而失去工作，每个人都知道这一点。否则，如果在那样一种气氛里，公司将会瘫痪。人们有第二次机会，许多人还有第三次、第四次机会，并且可以得到培训、帮助甚至可以调换到不同的工种。唯一有一种表现失败没有第二次机会，那就是明显的违反道德。假如你犯了一次，那么你就被开除了……我们的员工队伍如果拿一个美国城市相比，那么它应该与圣·保尔和坦帕排在一起。我们没有警察，没有监狱。我们必须将我们员工的正直作为第一道防线。

"每天付出110%或者更多的精力去竞争、去胜利、去增长，与此同时在我们所做的一切中遵循对道德的承诺，这两者是不矛盾的。"

受韦尔奇的这种理论影响最深的是美国的安然公司。

2001年12月2日，世界上最大的天然气和能源批发交易商、资产规模达498亿美元的美国安然公司（Enron Corp），突然向美国纽约破产法院申请破产保护，该案成为美国历史上最大的一宗破产案。安然公司可谓声名显赫，2000年总收入高达1008亿美元，名列《财富》杂志"美国500强"第七位、"世界500强"第十六位，连续4年获得《财富》杂志授予的"美国最具创新精神的公司"称号。这样一个能源巨人竟然在一夜之间轰然倒塌，在世界上引起极大震动，其原因及影响更为令人深思。

安然公司成立于 1985 年，其前身是休斯敦天然气公司（Houston Natural Gas）。20 世纪 80 年代末之前，作为一家区域性天然气管道经营商，其主业是维护和操作横跨北美的天然气与石油输送管网络。

20 世纪 80 年代末，随着美国政府对能源市场管制的解除，在价格波动给人们创造能源交易商机的同时，也增加了许多能源消费商对控制能源价格风险的需求，这两种因素成为能源期货与期权交易勃兴的契机。安然公司成功地抓住了这个机遇，随之转型为类似于美林、高盛那样的专门从事交易的公司，差别仅限于产品的不同。另外，安然公司创造性地"运用"了金融衍生工具，使本来不能流动或流动性很差的资产或能源商品"流通"起来。在短短的十几年里，通过企业转型以及成功地引入金融衍生工具，安然从一家名不见经传的天然气、石油传输公司发展成为"全球最大的能源公司"。

造成安然公司破产的原因很多，其中重要的一点就是毁于对诚信、对道德的践踏。众人的敬仰使安然无法收回自己的贪婪和野心，所以在发现无法实现曾经许诺的发展速度时，安然开始寻求"第二条道"——人工增长法、秘密交易、"创造性"的会计方法孕育而生。为了保住自己的分红，安然高层毫无羞耻感地"盗取"公司员工和广大投资者的财富。

（1）恶意欺骗公众

安然事件中，安然公司通过关联交易隐瞒债务、虚增利润，误导投资者。即使在事情真相已大白于天下的时候，安然公司还一再强调已经按照美国 SEC（证券交易委员会）的要求在年报等文件中进行了相关信息的公开披露。但实际上这些披露既过于含糊和笼统，又相当晦涩难懂，几乎起不到信息披露的作用。对于其中金额巨大的关联交易，并未披露具体情况。安然公司称美国 SEC 只要求披露公司与其高管人员所控制的经济实体之间的关联交易，而与其进行大量关联交易的公司的控制者只是其公司的中层管理人员，不在高管人员之列，故无需在年报中进行披露。这显然是安然公司的律师充分研究了美国SEC披露规则后的狡辩，但这种极其恶劣的有意逃避监管的行为，无疑将对美国证券市场现有的法律规范和会计准则造成强烈的冲击。

（2）与中介机构串通合谋做假

安然事件中，位居世界前五位之一的会计师事务所——安达信在财务审计中未能尽其职责，扮演了一个很不光彩的角色，尤其是安然公司的会计作弊，竟得到了安达信的默认。当SEC介入安然事件的调查时，安达信还大量销毁与安然公司的有关书面文件，并试图销毁电子数据以逃避安然公司破产案的调查，安达信的这些做法极大地妨碍了监管机构为获得事实真相而进行的调查并触犯了法律。安达信之所以胆大妄为，主要还是利益驱动使然。自安然公司成立以来，安达信不仅一直负责其审计工作，而且同时提供咨询服务。2000年安达信从安然公司获得的5200万美元总收入中，咨询服务的收入就高达2700万美元，可见安达信与安然公司之间具有深厚的利益关系。安达信的个别诚信危机对于全球的注册会计师行业产生了极大的负面影响，国际会计师事务所的诚信度开始受到质疑。

（3）公司治理结构存在弊端，高管人员及证券从业人员缺乏职业道德

安然事件中，安然公司的高管人员显然对公司运营中出现的问题了如指掌，但长期以来却熟视无睹甚至有意隐瞒，包括首席执行官在内的许多董事会成员一方面宣扬股价还将继续上升，一方面却在秘密抛售公司股票。

一般来说，公司董事会中2/3的董事应独立于管理层。按照纽约股票交易所与纳斯达克市场制定的公司治理结构标准，董事会中负责监管公司财务的审计委员会应全部由独立董事组成。公司的独立董事对股东负有诚信责任。安然公司共签订了七份涉及14名独立董事的咨询服务合同，还有多项与不同独立董事所在的企业进行产品销售的合同，或是向一些独立

董事任职的非盈利机构捐款。安然公司的董事会像是一个"有浓厚人际关系的俱乐部"。不难理解,当安然将其关联交易递交董事会批准时,自然容易获得通过。

一个企业的行为是由这个企业的管理者作出的,管理者所作出的决定能反映其素质的高低。通过对众多企业的失败案例分析,可以发现以下共同之处。

首先,企业管理者普遍缺乏道德感和人文关怀意识。这种意识是以"胜者为王,败者为寇"作为参考标准。企业管理往往无意于追究企业成长、发展过程中的道德性,这在很大程度上也助长了企业管理者们的功利意识。

其次,企业管理者普遍缺乏对规律和秩序的尊重。许多企业管理者缺乏对游戏规则的遵守,不按规律、规则出牌,而是企图走一些歪门邪道的所谓"捷径"。在市场日益规范的情况下,越往后走,道德的尺度(对做企业的人来说)就越重要。企业管理者的伦理道德水平,在一定程度上决定了一个企业的生死存亡。因此,不管是做一个企业管理者,还是做一个普通人,都要坚守住道德准则的底线。

不该管的事让别人管去

古往今来,许多出色的管理者都是大权独揽,小权分散。用一句通俗的话说就是:"该管的管,不该管的就让别人去管。"

有些公司,管理者在时,大家就很努力,管理者不在时,这些人立刻就精神懒散,什么工作都停滞不前。在这种环境下,团体的力量就无法发挥。

一个管理者能处理的工作量有限,即使再能干,顶多也只能做三倍的工作。所以,聪明的管理者应该尽量将工作做适当的分配,这样一来,即使他不在公司，工作也能顺利进行。

此外，要先让每个人都了解自己的工作。如果故意将事情复杂化，就会出现很多问题。这种管理者或许是不放心把事情交给别人做，害怕这么一来，无形中自我存在的价值就更小了。

其实，管理者把事情交给部属，并不表示责任没有了，他还是要时常注意工作进展的。管理者将一些简单的工作交由部属处理，自己则必须在思考新企划案、改善现状方面下功夫，也就是说，要做一些"计划性"的工作。如果管理者整天忙于工作，而无法对将来做计划，那么什么事也做不好。所以，担任管理者的第一步就是必须先做整体考虑，然后再采取相应对策。

某建设公司的营业部长谭先生，他桌上有着堆积如山的文件，常常被工作压得透不过气来。在参加管理者教育讲习后，谭先生学会了分析工作上的问题，回到工作岗位后，马上就着手于工作的重新分配。首先，把那些处理不完的文件为部属做个说明，经由他的说明后，每位部属都能愉快胜任。

谭先生的桌上不再有堆积如山的文件了。不仅部内的工作都进行得很顺利，还得到很好的评价，说他处理事情比以前更有效率。当然，这样谭先生就有充裕的时间，再去做新计划的推展了。

所以，管理者只要"向部属说明眼前应该处理的文件"，然后把事情交给他们处理，自己就能有充裕的时间，全力策划新工作了。

商人在经商的过程中也应如此，若是事无巨细，大包大揽，不仅使自己疲于奔命，而且也不会收到好的效果。比如：三国时的诸葛亮为报答刘备的知遇之恩，完成先帝的托孤之重任，"寝不安席，食不甘味"，"政事无巨细，咸决于亮"，终于积劳成疾，过早谢世。

可见，管理者把任何事情都包在自己身上，不仅终日忙碌不堪，还会严重挫伤部属的工作热情，"我们既然都是些无用之辈，就由他一个人干好了。"部属在这种思想影响下，就会消极被动地去工作，有些事本来能做好，也可能因没有积极性与主动性而办得很糟。忙忙碌碌地眉毛胡子一把抓，到头来很可能是"捡了芝麻，丢了西瓜"。

日本松下公司从 1971 年至 1972 年，出现了一个新的趋势，就是在市场、资源和劳力等三方面最有效的国家和地区创办工厂。松下倡议在马来西亚生产空调机，然后输入日本。开始松下公司的一些职员对此举不大理解，认为这样做似乎对日本不利。当时任公司空调机事业部出口科科长的国水昌彦说："那时日本松下一年出口二万台空调机，再在马来西亚建立年产十万台的空调机工厂，并且要求其中 90% 出口到包括日本在内的各国。为此，我们非常吃惊。我想这样太不合算！可上面强制性让干，又不能不干。拼命干吧！幸亏当地劳动力便宜，结果还不错，在质量上完全可以与日本媲美。"

松下在马来西亚建立空调机厂，利用当地大量而便宜的劳动力资源，他还让当地人担任该子公司领导。松下坚持认为："在那里担任松下电器领导的应该是生长在那片土地上，并受到当地人尊敬的人。"为此，在工厂开办的第四个年头，他精心挑选当地人沙亚尔为管理者。该人是当地电力公司总经理、王族成员。松下授予国外各区域性子公司负责人以经理权、人事权。这样松下公司既促进了当地经济技术力量的发展，也增加了当地就业和税收，并使松下电器产品的生产成本更低，在世界市场上更具有竞争力。真是双方受益。

只有善于使用分权术的管理者，才能腾出时间和精力去想全局、抓大事，才能创造出最佳的业绩。当然，如何授权也是很有讲究的。要根据部下的品德和才能授权，不要全给部属一些鸡毛蒜皮的小权；要明确所授权限的范围，不要把授权当作推卸责任的"挡箭牌"；要定事定时授权，不可越级授权等。这一谋略不仅是所有管理者必须掌握和运用好的，也是所有从事商业经营的人必须从中悟出的经验。

正如我们都知道的一样，一个优秀的管理者，就是一艘船的舵手和风帆，应该有"运筹帷幄，决胜千里"的大气风范。如果为了一些琐碎小事而影响了整个团队的前进，实在是有些得不偿失了。老子讲究"无为而治"，在这里"无为"应该理解为放权给下属，解放自己的精力和时间，不该管的事别管，去做一个决策者应该做的事情。这才是管理者的最高境界。

企业管理必须简单

杜拉克说："最简单的也就是最好的。简单是一场信息革命，其任务是使复杂的事情简单明了，创造适当的指令。"

人的理想具有多面性。然而，人不可能什么都精通，所以在各方面的能力有弱有强；而且人的精力也有限，不可能一心多用，同时做很多事。因此，在企业管理中，希望达到什么效果是一回事，能做到什么程度又是另一回事。企业如果想在竞争中获得生存和发展的权利，最好的办法就是充分利用和发挥自己的资源、能力优势，做最擅长的事。要想变复杂为简单，就要大胆取舍，这是简洁化的成功法则。

简单体现在产品生产和研发上面，就是要替消费者着想。现代营销理念是以市场为导向的，而消费者最看重的就是实用。所以要求产品的功能和技术设计更集中、突出，使用尽量简单化。世界著名的摄影器材业先驱柯达公司率先推出的"傻瓜相机"正是在此思想指导下研发的。他们把需要很高的专业水准才能够运用自如的精密仪器，研制改造成无需手动测光对焦的"傻瓜相机"。他们承诺："你只要按下快门，其他的事由我们来做。"这相机简单到了连傻瓜都会使用的地步，同时其价格低廉，从而满足了广大消费者的基本需求，完成了照相机发展史上划时代的革命。

随后，柯达公司又宣布不独占全自动相机的专利，这种技术将向全世界所有的制造商公开。正如杜拉克说的："简单绝不意味着单纯。"简单是一种行之有效的思维方式。其实柯达公司也不单纯，它利用的就是简单的原则，结果随着相机的普及，柯达打开了广大的胶卷、相纸以及冲印服务的市场，以简单的方法获取了更大的利润。

类似于柯达，四通打字机和小霸王学习机是计算机简洁化的成功典型，并造就了四通集团和中山小霸王集团，曾一度垄断中国早期的办公自动化市场。

杜拉克说："许多人认为，变复杂为简单仅仅意味着把信息扔给别人，但这样做往往使问题复杂化。"宝洁的管理层清楚地认识到这一点，它的高层管理层提出了这样的问题：这个世界需要30余种海飞丝洗发水吗？还是需要50多种佳洁士？"多年来我们给消费者制造了这么多困难，这是多么让人震惊！"宝洁前总裁达克·贾格尔曾经这样说。

找到了问题原因的所在，宝洁公司采用了简单的战略，废除了近30种促销形式，也削减了边缘品牌，减少了产品线并且控制推出新产品。这样的改变使销售的产品明显减少，但是盈利额并没有下降，仅仅头发护理业务一项，宝洁公司削减了一半品种，盈利却增加了5%。

有这样一种说法：一流企业靠什么一流，答案：就是做标准。其实所谓的标准就是简单化。大凡赚钱的企业都是很简单的。比如说可口可乐、百事可乐，它们走的就是简洁化的路子。它们在世界各地建厂，用相同的瓶子装相同的饮料；销售商用同样的营销模式。再比如说麦当劳、肯德基，同样是简洁化的典型。它们在世界各地的连锁店经营模式完全一样，而且将连锁店的经营权完全交给了加盟商。这是一个"放之四海而皆准"的模式。

杜拉克指出："事情本来再简单不过，它们往往不会比造火箭更难。"不论多么复杂的尖端技术，在工厂里都是被分解成简单的标准化操作的环节，然后由一些普通的工人操作。再宏伟的建筑，都是建筑工人一砖一瓦建起来的。如果一家企业的每一个普通员工都要高科技人才，那这家企业得开什么样的工资？这样的产品成本将会有多高？那么还有多少人消费得起？

大多数企业在消费者心目中只拥有一个概念。比如：百事可乐只有饮料这一概念，丰田公司只有汽车这一概念，微软只有软件一个概念，新浪只有网络一个概念，海尔只有家电一个概念。成功的公司或品牌都力求简单。

简单管理就是在看似毫无头绪的事物面前，要有决然的姿态，舍弃一些东西，使管理变得简单却又有效率，核心就是在企业中形成一种自然秩序。自然秩序的运转必须有一定的生存条件，有一定的规则。企业管理运作需要形成规范的形式，逐步演变成每个人自然的思维方式，这样组织的运行效率才是最高的，效果才是最好的。任何一个企业或集体，都围绕核心做一件事，各个环节上应该明确做什么、做到什么程度。这样，企业的自然秩序就形成了。形成这样秩序的好处关键在于每个员工都知道了自己的位子，知道哪个环节应该做什么，知道什么条件下自己能做什么，用不着别人去告诉他。这种管理就比较简单高效。

要做到简单管理，你首先需要有善于将复杂问题简单化的能力，换个说法就是有准确捕捉问题实质的能力。这需要你寻找管理的本质和规律，抓住企业生存、发展的要件。其次要求企业自上而下的所有员工，都必须知道自己什么时候该做什么。建立并维护企业自然秩序的运转就是高级管理者的职责，把岗位上的事做到最好就是员工的任务，每个人都有非常明确的目标和做事的标准，这才是企业的简单管理。

作为一名管理者，你可能对好多事情都不知道该如何去做，也并不意味着你要去做很多的事情。你需要做的就是挑选出最优秀的人才，然后授权给组织中的每一个人，给他们提供充足的装备和支持，还要经常提醒大家什么是重点，并且开创一种大家能够认同的环境。如此而已，这就是你的全部工作。只有这样，才能达到预期的简单，企业管理力求的简单是卓越的简单,而不是一种散漫的简单。

作为一名管理者,为了实现成功管理,在你做任何事之前,请树立这样一个信念:管理越简单越好。简单管理就是要简化组织形式,就是要把复杂问题简单处理,就是要运用简单的技巧,发掘员工的最大潜能……总之,简单就是一条永恒的自然法则,简单就是力量,简单就是高效。

指挥千军万马,不如善点将才

基于企业不断发展的需要,管理者已经不可能事必躬亲,而且员工的责任和权力之间的关系也应随着事业的发展重新进行定位。大胆地给部下以权力与责任,不仅使工作进度快、效率高,而且上边的方针能很快传达到最下边,既有利于明确权力责任的范围,又能够激发员工的积极性,从而使企业的整体与局部紧密相连,促进公司的发展。

与其指挥千人,不如指挥百人;与其指挥百人,不如指挥十人。帅才善点将,将才善点兵。作为管理者要想成功,就要让管理回归简单,即擅长管理手下的几员大将而不是指挥千军万马,这是管理的灵魂之所在。

1933年,松下电器出现突飞猛进的发展势头,短短时间内,员工增加到1400多人,这在制造业中已算是可以的了,放在电器界更可以说是名列前茅的企业。不过松下知道,任何企业在规模相对较小时,管理者能游刃有余、单枪匹马地管理企业的事情。然而,随着企业规模的扩大、员工的增多,管理者就会逐步感到力不从心,造成企业整体或局部处于崩溃边缘。

松下也曾经把一些权力交给下属,但因工厂尚未相对独立,管理者仍不敢放手去做,事事还得向松下请示,请松下裁定决策。在这种责任、权限划分模糊不清的情况下,出现问题是免不了的。但松下却不原谅自己,而是自咎反省,寻找新的途径:一定得下放权力,一定得相对独立。虽然各工厂都勤勉尽力，但实际效果却有好坏之分。各工厂的待遇都是一样的，这是不公平的。

长此以往，必然会滋生懒惰、保守、不思进取的陋习。

第二年，松下采取惊人之举，大刀阔斧推行"事业部制度"，将企业分成若干事业部。这样一来，每一个事业部就像一个小型企业，在生产、销售、财务、研究开发等方面都相对独立，拥有一定的自主权。这样只需直接管理几个部长，再由部长指挥员工，实现了最佳的管理目的。

松下认为"事业部制度"实际是一种"分权管理"的方式，部长对客户负责，各厂长对部长负责，员工对厂长负责。从表面形式看，每一事业部都是独立的经济实体，合起来，又成为一个大企业。相互之间又是固定的子公司与母公司的关系。

松下认为，集权与分权并存，两者都得有个适当的度。为此，应制定若干措施并加以有效的管理：

（1）每个事业部的管理者处理本部的事情，但必须定期向总公司汇报。

（2）各事业部财务独立，但盈余需交总公司统一规划管理，要想融资扩充本部的领导，均需向总公司申请。

（3）日常教育由各事业部独立进行，但是和企业的宗旨、理念不能相悖。每一个员工均需要接受松下经营哲学的教育和学习，以培养出志同道合、目标一致的松下人。

（4）员工管理和人事的进出由各事业部负责，但人事的升迁必须由总公司统一裁决。另外，高中毕业以上学历的员工，未经总公司的认可，不得擅自录用。

（5）各事业部独立面向市场竞争，但如果其中一个部门研发的产品和另一个部门冲突，必须报总公司审批并裁决。

我们再来看看这种分权制度的优点：

（1）不但使企业的规模扩大，而且解决了高端管理者力不从心的问题。

（2）每一事业部都是一个责任中心，责任分明，盈亏明朗，便于考核。

（3）各事业部都具有小型企业之特点，互相学习，互相竞争，互相促进，因此能培养出许多技术专才。

（4）由于各事业部部长负盈亏的全部责任，这就要求他们必须关注市场，关注消费者的需求。

（5）每一事业部都必须靠自己想办法盈利，培养他们独立自主的能力。

管理者要培养自己成为善点大将的帅才，而不是指挥千军万马的大将。如此方能让企业在竞争中永远立于不败之地。

作为一名管理者，为了取得成功，你不需要去控制每一个下属。你可以通过有限的几个关键人物去控制几十人、几百人，甚至几千人。

事无巨细的管理会事倍功半

盛田昭夫指出："最成功的企业管理者并不是紧盯着部属，不断地下达大大小小的指令的人，而是只给部属概括性的方针，培养部属的信心，帮助他们圆满完成工作的管理者。"

20世纪80年代初，李总与朋友聚会时听到这样的传闻：在智利的某大型铜矿公司资金周转不灵，濒临破产。为了尽快回笼资金，打算把已经付款订购的1500辆大型矿用汽车和矿山机械出售，价钱开得很便宜。

李总是我国在香港开设的一家大公司的总经理。他想：国内许多大型矿山和基建项目都需要工程机械和运输机械，如果买卖成功，那就为国家节约了一大笔外汇。回到公司后，他就马上打越洋电话到美国的分理处，

第01章
高效管理的本质是"简单"

要他们尽快查清这个消息的可靠性。过了两天，分理处就回复说消息是可靠的，不过已有四家公司在洽谈；铜矿公司要价也不高，约为设备新购时的四五成；这家铜矿公司希望是一揽子买卖，因资金筹措等问题，尚未签约。

"有些人虽然看到了机会，但却犹豫不决、裹足不前。好机会往往如过眼烟云，瞻前顾后、慢慢腾腾只能贻误战机。"李总思考了一会，再次拿起电话打到美国分理处："尹经理，我们希望做成这笔生意，委任您为全权代表处理这桩买卖，不需要事事请示。"尹经理接受任务之后，立刻飞到南美洲去与铜矿公司谈判，并很快就达成协议，签订了买卖合同。

赋予下属的责任越大，也正说明他的能力越大。放手给他一些权力，往往会给企业带来意想不到的惊喜。反之，有能力、有上进心的下属，有时候反而因为得不到与能力相匹配的权力，贻误商机，甚至影响一个人才的培养。

广东贸易中心大楼是早期"广交会"的旧址，曾是中国连通世界的"金桥"。占地11万平方米，建筑面积44万平方米，楼高10层；地处海珠广场西侧，交通便利，周边是商业旺地，不少人看好它的升值潜力。

因为种种说不清的原因，它被拍卖了。在拍卖当天，大厅里人头涌动，好不热闹。当拍卖价升到3.8亿元时，多数竞拍者放下牌子不再应举；只有18号小姐和28号男士在一较高下。

拍卖师宣布每次举牌加价100万元，那位小姐不时用手绢擦拭额上的汗，对着手机轻轻地说了几句。男士倒是气定神闲，总是在18号举牌不久就再次举牌。"三亿八千九百万！第一次。"那位小姐对着手机咕噜了几句，再没有应声了。"第二次。"整个大厅静得连苍蝇飞过也能听见，男士环视全场，随时准备应战。小姐把眼睛轻轻地闭上。"第三次。"拍卖师故意拖长了声音，看没有没奇迹发生。"成交！"随着槌声落地，大厅里掌声雷动，闪光灯闪烁不停。事后，那位举18号牌的小姐懊悔地说："都怪我，把老板在电话里说的'不要怕'听成了'不要拍',让这个好机会丢了。"

古语云:"将在外,君命有所不受。"说的是将帅在外可以对某些事情自己定夺,不必接受君王的命令,也即拥有相对独立的决策权。

管理者只有授予下属必要的权力,放手让他们处理事务,才能在瞬息万变的商海竞争中赢取时间和成功。事例中的一成一败便充分说明了这一点。

授予下属必要的权力,有助于培养下属的自信心,而且可以充分激发他们的潜能,提高他们解决实际问题的能力。事无巨细、事必亲躬表面上看管理有效,实则往往事倍功半、得不偿失。

事必躬亲导致的结果:一是效率低下;二是下属失去工作积极性。因此必须通过合理授权,使下属有充分发挥自己能力的平台。在必要的指导和监督下,用人不疑、疑人不用,赋予下属相应的权力,鼓励其独立完成工作。

不要侵入他人"领地"

人最基本的领土意识就是对家庭的保护。谁若未经同意闯入他人家里,轻者遭责骂,重者恐怕要遭一顿追打。不过会犯这种错误的人不多,倒是很多人在办公室内忽略了这点。

在办公室里侵犯别人"领土范围"的方式有:未经同意就坐在同事的桌子或椅子上,坐在管理者的办公室里,以及到其他的部门聊天等等。

你不要以为这没什么,事实上,你的举动已经侵犯到了别人的"领土",使对方感到不快。所以,别人工作的地方,不到必要时,请不要随便靠近。

不要没事就到别的部门去聊天,因为这会对那个部门的管理者造成一种"侵犯领土"的不安全感,就算你是纯属聊天也不行,因为在他的部门里，他是唯一的权力象征，你无缘无故地出现，就好像要与他争夺权力似的。当然，谈公事时例外，但应只限于管理者和管理者之间的接触，不要随意去接触他的下属。

如果你下面有几个部门，你也要尊重这些部门中的小管理者，不要以为你是大管理者，就可以没事时到其他部门去聊天，除非那个部门的管理者也在现场；偶尔为之无妨，长期如此，那么小管理者心里就会不舒服了，进而为今后工作的顺利进行埋下种种弊端。这样一种"越俎代庖"的管理方式，干预了正常的上下级关系，插手别人的工作流程，影响别人的工作方式，实际上就是一种"越权"。

擅长"越权"的管理者，总是过分欣赏自己的才干，并为"越权"的结果倍感欣慰。他们认为虽然自己辛苦一些，但事情办得快、办得好，不耽误事。然而，他们没有看到"越权"的危害。"越权"的危害集中表现在以下几个方面：

（1）有害于工作的正常秩序

每一项工作都有自己合理的流程和安排，它们有规律地运行，这是一种系统工程。如果管理者对下属"越权"，对工作横加干预，或有意无意地过问、插手、表态，这就打乱了下属的正常工作秩序，使下属无所适从。

（2）有害于调动下属的积极性

"越权"行为，从另一方面显示了你作为管理者对下属的不信任，使员工形成惰性思维，认为什么事情都有你出头，由你的意愿去指挥工作的进度和规律。这样，下属就没有什么积极性、主动性、创造性可言了。影响下属积极性，同时也就影响了人才的锻炼和成长。

（3）有害于团结

对下属"越权"，使下属有职无权，下属会产生"上级领导对自己不信任，不重用"的疑虑，伤害了下属的自尊心；群众也会产生反感的抱怨情绪，使下属产生消极的工作情绪，从而使管理者加深了与上级领导者的隔阂。如果是下级对上级"越权"，也会有目无尊长、不自量力之嫌，这也是影响工作和团结的因素。所以说，"越权"行为是令人反感同时又破坏团结的。

那么，管理者如何防止"越权"呢？

（1）明确职责范围

权力是适应职务、责任而来的。职务，是管理者一定的职位和由此产生的职能；责任，是行使权力所需要承担的后果。有多么大的职务，就有多么大的权力，就承担多么大的责任。职、权、责一致是管理工作的一个重要原则。"有职无权"，是被人"越权"；"有权无职"，是侵越了别人的权力。"越权"是"有权无责"，被"越权"是"有责无权"。因此，只有职、权、责相统一，真正克服上述现象，才能防止"越权"现象。这就必须明确职责范围。

（2）进行一级抓一级的教育

除了对下属明确职、权、责的范围外，还要对下属进行分级管理原则的教育。在一般的管理阶层中，分级管理就是分层管理。任何事物都作为一个系统而存在，都有层次结构，它的发展变化都是有规律的，系统之间能否有效地运转，是由层次性决定的，同一层次的诸系统的联系，须由各级系统之间自主地进行。只有在发生障碍，产生矛盾，出现不协调时，才提交上一层次的系统解决，这是分级管理的理论依据。

下属根据这一原则，要认真地做好本层次的工作，对上级领导负责，执行上级的指示，接受上级的指导和监督，经常主动地请示汇报工作，积极完成上级领导交给的一切任务。

对下属的"越权"，尤其是对有意的"越权"，应提高到目无组织、目无领导、闹分散主义、本位主义和闹独立性的一种表现的高度来认识。这样，下属对自己的"越权"才会引起警觉。

(3) 上级为下属排忧解难

管理者在决策的基础上，在给下级部署任务、提出要求的同时，要深入基层，为下属完成任务创造必要的条件。上级要为下属服务，支持、鼓励、指导、帮助下属，关心、爱护下属，为下属排忧解难，及时解决他们工作中难以解决及不协调的问题。这样，也可以防止或减少下属由于来不及请示而出现的"越权"现象。如果不深入下属，不接近群众，高高在上，门难进、脸难看、事难商量，就会助长下属"先斩后奏""干了再说"的"越权"行为。

管理者要掌握纠正"越权"的方法与艺术，一经发生下属"越权"现象，要积极慎重地根据不同情况，采取不同方法加以纠正。

(1) 功过分开谈论

对下属"越权"，不能一概而言，笼统而又不分青红皂白。有的下级"越权"，是为了响应上级的号召。这是和他有较强的事业心、责任感，工作有积极性、主动性等优点相联系的。和他越权的行为相比，这种"越权"的精神反而显得是难能可贵的。现代企业中的很多员工，抱着"息事宁人"的处世哲学，得过且过，分内的事都不去干，有何劲头去"越权"？对于出于有利动机的"越权"的下级，应该先表扬后批评，肯定其有利的一面，同时指出"越权"的危害，以"越权"的具体行为，指出不"越权"而又把事情完成好的办法。这样，下属才能为管理者的公正、体贴、实事求是所感动，才能在以后的工作中扬长避短。

(2) 维持现状，因势利导

管理者对下属"越权"产生的影响以及可能带来的影响，也要作具体研究。有时，下属"越权"的行为以及带来的影响，可能和主管领导的思路、决策大相径庭，甚至有的地方做得更漂亮，影响甚至超出了自己的决策。这样自然要维持下去。即使是这样，也要下不为例。有时下属"越权"行为与管理者的正确决策有一定差距，在一定程度上，有某些损失，但仍是正面效应，无损大局。这样的情况也要维持现状，继续下去。在进行过程中，要尊重下属的思想，循循善诱，晓之以情，动之以理，使其向好的方向发展。

（3）纠正错误，亡羊补牢

下级"越权"，有时本身可能从酝酿的那一刻起，就是错误的思想，已经产生了或将要产生不好的效应。这时，管理者就要根据情况予以补救，"亡羊补牢"，力争把损失减少到最低限度，并告知下属这其中的利害冲突，避免下次情况的重复发生。

管理者不要超越自己的权限。这主要指两个方面的权限：第一，不要对不是自己的下属下命令。每个员工都有自己的直接上级，你如果不是他的直接上级，就不应该直接给他下命令。如果你确实需要该员工做一些工作，可以去找他的直接上级，通过他的直接上级来给他下命令。第二，不要对部门职责以外的事情下命令。每个部门都有自己的工作职责，你不应该命令自己的下属去做其他部门职责中的事情。逾越了这个界限，会给公司的整个管理造成混乱，甚至会出现部门与部门之间、下属和上级之间的矛盾冲突。

不要介入派别之争

企业的发展壮大和持续稳定的进步，需要的是企业上下齐心协力，才能有足够的力量和能力面对残酷的竞争。但是，不论企业的规章制度如何规范，物质报酬如何丰厚，在企业里还是会产生一些内部的小团体和小帮派，如果这些小团体和小帮派和企业大方向的思想不统一，利益不一致，就有可能危害企业的发展，甚至是生存。

企业是以人和利益为基础的，只要有人和利益，就一定会存在争执和分歧。因此，帮派和一些团体的产生，也就不足为奇了。帮派的组织总是多样化的，人多嘴杂，搬弄是非，进而产生利益冲突。它们要么有着和企业不同的价值取向，要么就是在企业内部存在某种潜在的利益牵连。如今，这样形式的帮派和团体在各个企业都大大小小的存在。

产生帮派的原因有很多，总结起来可以分为以下几种：

（1）因为公司管理者和分工形成的帮派。这是最主要的原因：一些人为了维护自己的利益和地位，为了获得职位的升迁，采取拉拢管理者和下属的办法，形成了帮派。产生这种帮派，是由于企业的管理松懈，以及公司内部的权、位、责出现了不配套。例如一些管理者偏爱一些自己比较喜欢的员工，而对其他员工则关注不到，导致消极情绪的滋生，产生抵触态度，很容易自己形成一群，组成一个自己的"组织"，来弥补在上级那里得不到的关心和共鸣。

（2）公司的奖惩措施不严密。公司的激励体制没有做到客观公正，赏罚不分明，或者因为上级的奖励承诺没有兑现等等，这会影响到员工的工作态度。于是有怨气的员工都会聚集在一起，互相倾诉苦水，从而形成帮派，在背后诋毁公司的信誉或者对上级说三道四。

（3）管理者的个人问题。由于个别管理者的性格和习惯差异，导致员工在工作中产生对领导的不满情绪，无处发泄。于是，一些有共同感受的员工就凑在一起，形成一种团体。

（4）少数员工的习性形成的帮派。有些员工好奇心较强，工作时他们探听小道消息，编造八卦新闻来吸引别人的注意；或者对同事的行为指手画脚；或者干涉别人的工作，这些人的存在很容易使大家关系分化，形成帮派。

（5）因为特殊原因等形成的帮派。比如有些员工可能是同乡或者是朋友，以及亲戚关系等等。产生这种帮派的原因是企业在人力资源引进和管理方面的一些宽松政策。这样的人存在对于企业来说或好或坏，好的一方面是，他们在一起工作有默契，不会计较很多分配不均。不好的一面是这些人的存在总是让其他员工在处理工作的时候难免要考虑几方的利益关系，或者因为他们之间互相袒护、互相照顾等，影响了工作的氛围。

内部帮派对企业带来的积极影响是：不管什么帮派，都有其存在的理由和条件，很多情况下，它们和企业的战略目标和大局利益是一致的，否则，它们不可能存在。从这个角度来说，合理的帮派之间的争斗能够帮助企业维持稳定，就好像国家的多党派一样，一派掌权，另外一派能够对其形成竞争，让他们相互牵制又相互合作。

管理者的艺术，在这里要体现的就是一种均衡的牵制，从而实现权力之间的制衡，而如果只有一个派别，那么很容易带动企业走向一个极端，没有错对衡量。

内部帮派给企业带来的负面影响是：运作效率低下，企业要花费部分精力来调和帮派之间的矛盾。因为有帮派，每个派系都有自己的核心群体，不同派系的人员之间很难达到一个团结默契的局面。

帮派之间的矛盾有时真不易处理。你如何断定是非，分清黑白？你既不可袖手旁观，又不能深陷其中。只有保持中立，淡化事态才是最佳选择。

人与人之间的关系，本来就是十分微妙的，尤其是在有利害冲突的同事之间，很容易发生大大小小的纷争。

同事之间可能为了争权夺利而明争暗斗。如果管理者能够巧妙地加以利用和操纵，以"和事佬"的身份出现，便可收到意想不到的效果。一位能够控制住局势的管理者，总是善于在派系林立、矛盾纷争的局面中寻求平衡，调解矛盾、化解矛盾，以利于工作的开展。

管理者之间，有太多微妙关系存在，大部分都是亦敌亦友，无论他们的私交如何。在老板面前，他们就有数不完的斗争。今天，某甲跟某乙是最佳搭档，在办公室里成了"铁哥们"，很有可能几天后，由于某种利益关系，两人反目成仇。

"势力"这一字眼，并不新鲜，也非危言耸听。任何部门、任何单位的管理者，事实上无时无刻不在面临着这样的问题：怎样能巧妙地处理好与各种"势力"之间的关系？这就需要管理者发挥其精明的一面："旁观者清"。

屈原有句名言："举世混浊而我独清，众人皆醉而我独醒。"这句话放在今天的管理学上也同样适用。一个管理者，要想取得成功，必须要保证来自同事和下属的极大限度的合作。

只需管头管脚

管理之妙就在于只"管头管脚"，而不是"从头管到脚"。太多的指点和提醒，会让你的员工茫然不知所措。每一个人都有自己的工作方式，如果你只是一味的灌输，你的员工就什么也学不到，甚至都不敢面对挫折和困难。而且不但加大了你的工作量，还使你和你的员工都失去了最好的自由发挥的空间。给员工一个任务，让他自己去做，相信他能做好，也就是相信自己的眼光。

在诺基亚公司里，一项制定好的计划如果没有具体而且可靠的人来实施，是不会得到贯彻执行的，这是公司的规定。前总裁奥利拉说："诺基亚不是一个只有少数几个人才能说话，其他人都在那里洗耳恭听的公司，任何人都有权利表达自己的观点。公司每制定一项计划都必须有执行人员在场，并且允许他们发表自己真实的想法和观念。只有一项计划完全得到执行人员的同意和赞成了，才能被确定，然后相关的负责人才能进一步制定执行计划，并委派专门的小组负责。每一个员工在执行过程中发现计划存在失误时都有权提出异议，并作出适当的修改。"

正如米切尔——诺基亚在福特沃斯分厂的生产经理，他在数额庞大的诺基亚全球员工中只是一个小"芝麻官"。他说："诺基亚从不像其他的大公司那样官僚习气严重，它是独特的，在具体执行一项计划时，上司从不规定你必须用什么方法来做，每个小组都有完全的自由决定权。除了某些必须共同遵守的标准以外，你可以自行决定具体的行动方案，只要它是符合事实、有利于预期目标实现的。"

不仅基层管理者从不强迫自己的下属按照自己的行为方式做事，公司最高层管理者，包括总裁兼首席执行官奥利拉也从不武断地作出决定。非技术出身的奥利拉，在说到WCAMA、GPRS、HSCSD或其他专业术语时，他和其他对技术不在行的高层管理人员总会谦逊地往后站——即使是在公共场合也是如此——而让那些技术专家自由地侃侃而谈。"我们总是让最了解情况的人做决定。"这是诺基亚制定战略和作出决策的最高指导原则，同时也保证了诺基亚战略的正确性和有效执行。也正是由于这种对"最了解情况的人"的尊重和赋予权力，诺基亚才形成了强大的团队精神和凝聚力，保持了企业的活力和卓越的执行力。

习惯于自己事必躬亲，放心不下他人的任何行为，经常不礼貌地干预和干扰别人的工作过程，这可能是管理者的通病。而这也容易形成一个怪圈：上司喜欢事无巨细，越管越变得事事小心谨慎，独断专行，疑神疑鬼；同时，部下也越来越束手束脚，养成依赖、从众和不爱思考的习惯，把最为宝贵的主动性和创造性丢得一干二净。这是一个恶性循环，对于企业的发展是很不利的。

在公司的管理方面，要相信少就是多的道理：你抓得少些，反而收获就多了。管理者，要管头管脚（指人和资源），但不能从头管到脚。

管理没有天才，人人都可学会

没有一个有效管理者是天生的，他们之所以有效只是由于在实践中学会了一些有效的管理习惯。

假如有效性像音乐天赋和艺术天赋一样，也是人类的一种天赋，那

第 01 章
高效管理的本质是"简单"

可能就很少有成功的管理者。有效性是一种后天的习惯,是一种实务的综合。既然是一种习惯,就是可以养成的,而且必须靠学习才能获得。我们不能否认人与人之间的差别,但每个正常人之间并没有太多的不同。天才是极少存在的,也就是说有效管理是大多数人可以学会的。

彼得·杜拉克曾认识许多有效的管理者,并一直关注他们。那么他们和常人的习惯有哪些异同呢?结果发现他们能力不同、脾气不同、性格不同;所做的事不同,做事的方法、原则不同;他们的个性、志趣和知识深度也不尽相同。但他们都有一个共同点:人人都具有做"对的事情"的能力,都有能发挥有效性的共同习惯。反之,一个人如果没有这套有效性的习惯,则无论他有多大的智慧、付出多大的努力、拥有多出色的想象力和多丰富的知识,他必是一位缺乏有效性的管理者。

管理没有天才,在现代管理之父杜拉克的工作中也有过问题,他不断地从问题中总结经验以警示后人。

在1944年到1945年间,杜拉克接到第一个大型咨询项目——研究通用汽车公司的最高管理层。第二次世界大战之后,通用汽车的变革已迫在眉睫,杜拉克的任务就是向公司建议变革方案。于是他经过大量调查后,写下了题为《公司的概念》的咨询报告,这部作品阐述了通用汽车公司在组织管理上的独到之处,也毫不客气地总结了通用汽车公司管理上存在的四大问题。结果整个通用汽车公司的管理层对杜拉克都相当不满意:一会儿劳动关系部门的人说他们不喜欢某一条,他就把那一条删掉了;一会儿是通用所属雪佛兰公司的人说他们不喜欢某一条,他又放弃了这个建议;后来,又有设计部门的人员明确告诉他,他们坚持对汽车采取统一的设计,使人们一看就知道这车是来自"通用汽车大家庭"的。虽然在市场调查中杜拉克发现,美国公众对统一的设计风格并不欢迎,但最后他还是把这一条建议改得模棱两可。

所有的人都看出来杜拉克是在玩文字游戏。他没能说服劳动关系部门的人、雪佛兰公司的人以及设计部门的人改变想法，而他们当中也没有人支持杜拉克，甚至连通用公司老总斯隆先生更是在任何场合都不提及这本与他的命运息息相关的报告，从而导致了这次变革的彻底失败。最终杜拉克的咨询报告，也没有起到预期的效果。

杜拉克在通用汽车公司的失败案例告诉我们，尽管他的管理思想先进，但却仍然存在着是否适合企业内部的实际情况，以及企业是否愿意接纳这些思想的问题。事实上，在这些先进的思想中，不论是真正实现"自我管理"，还是有效实施"目标管理"，其中有一个最重要的前提就是——公司员工应该是"知识工人"。而真正意义的"知识工人"，追求"自我实现"是其必然的追求目标。

从那以后，杜拉克在进行决策的时候，再也不会被那些"谁会不同意这个方案"或者"这个方案谁会满意"之类的问题所困扰，他首先会想好什么是正确的决策。

杜拉克被誉为现代管理之父，他在管理方面具有相当高的水平，但他的管理思想在通用汽车公司也经历了失败。这更进一步证实了他自己的思想：管理没有天才，他们之所以有效，只是由于在实践中学会了一些有效的管理习惯。

杜拉克的思想不仅影响着企业界，也影响着学术界，甚至是所有人。不仅在企业管理上没有天才，扩及到人的一生当中，不论是学习还是搞文学创作，也不论搞科研还是经营管理，或者从事其他的任何职业，任何领域里都没有天才。

杜拉克被称为大师中的大师，不仅因为他是现代管理学的奠基人，更重要的是，他使企业家们从中受益，走向成功。杜拉克系统思想管理的有效性已经被世界各国企业管理者的实践所验证。甚至人们所推崇的杰克·韦尔奇、比尔·盖茨、李嘉诚和张瑞敏等等，他们都深受杜拉克思想的影响。很多企业家都将他们企业管理的成功决策归功于学习杜拉克的思想。

"天才"与"庸才"的关系是双向的,它们可以互相转换。换而言之,"庸才"通过正确的方法不断地练习,最终会成为"天才";而那些"天才"如果沾沾自喜,不知进取的话,也一定会变成"庸才"。

每一位成功的管理者都在不停地学习管理。由此可见,即使人与人之间有某些不同,也只是努力的多与少的区别,少有天才存在;这也说明,只要不断地努力学习,就一定会成为有效的管理者。

管理是可以学会的,但是管理没有固定的模式。随着时间的变化、环境的变化以及人员的变更,理论也并非放之四海而皆准。"昨天的失败不等于今天的失败,昨天的成功也不等于今天的成功。"所以既要学习管理,又不可照搬,这是大师的忠告。

如何简单增强你的说服力

作为一个管理者,如果不具备用简单的语言去说服别人的能力,那么在管理上肯定会遇到很大的麻烦。要想一统指挥你的部属,你就要增强自己简单的说服力。

在企业管理中,人们常常会遇到这样一种情景:当你在与别人争论某个问题的时候,明知自己的观点是正确的,但就是不能说服对方,有时还会被对方"驳"得哑口无言。

这是什么原因呢?

心理学家认为,要争取别人赞同自己的观点,光是观点正确还远远不够,还要掌握简单微妙的说话艺术。心理学家经过研究,提出了许多增强说服力的方法,其中最基本的有以下六种。

(1)"居家优势"更有利

心理学家拉尔夫·泰勒等人曾经按照支配能力(即影响别人的能

力），把一群大学生分成了上、中、下三等，然后各取一等组成一个小组，让他们讨论在10个预算削减计划中哪一个计划为最好。

一半的小组在支配能力高的学生寝室里讨论，另一半的小组在支配能力低的学生寝室里讨论。泰勒惊奇地发现，讨论的结果总是按照寝室主人的意见行事，即使主人是低支配力的学生。

由此可见，一个人在自己或自己熟悉的环境中比在别人的环境中更有说服力，所以人们在日常生活中应充分利用居家优势，即使不能在自己家中或办公室里讨论事情也应尽量争取在中性环境中进行，这样双方都没有居家优势。

（2）仪表很重要

如果你想上级在你的申请书上签字，你是不怕麻烦、精心修饰一下仪表呢，还是相信别人会听其言而不观其貌？

我们通常认为，自己接受别人的言谈比接受别人的外表的影响要大得多，然而事实并非如此。

有一个很简单的道理是我们通常会不自觉地以衣冠取人。有人通过实验证明，穿着打扮不同的人，寻求路人的帮助，那些仪表堂堂、有吸引力的人要比那些不修边幅的人更有可能成功。

（3）使自己等同于对方

你试图鼓动一伙年轻人去清扫某块地方，而他们却很不情愿，你怎样才能引起他们的兴趣呢？

许多研究者发现，如果你试图改变某人的个人爱好，最简单的方法就是使自己等同于他，这样你才更具有说服力。

例如，一个优秀的推销员总是尽量使自己的声调、音量、节奏与顾客相称，甚至身体姿势、呼吸等也无意识地与顾客一致。这是因为人类都具有相信"自己人"的倾向。

正如心理学家哈斯所说："一个酿酒厂的老板可以告诉你为什么一种

啤酒比另一种好，但你的朋友，不管是知识渊博的，还是学识疏浅的，却可能对你选择哪一种啤酒具有更大的影响力。"

（4）站在对方的立场上思考问题

如果你准备拜访隔壁新搬来的一对夫妇，请他们为社区的某项工程募捐，应该选择哪种方法最好呢？

平庸的劝说者大都是开门见山地提出要求，结果往往会发生争执，陷入僵局，而优秀的劝说者则首先是建立信任和同情的氛围。

如果主人正为某事大伤脑筋，你就说："我理解你的心情，要是我，我也会这样。"这样就显示了对别人感情的尊重，在以后进行谈话时，对方也会对你加以重视。

当然，优秀的劝说者也不总是一帆风顺的，他也会遭到别人的反对。这时老练的劝说者往往会重新陈述对方的意见，承认它所具有的优点，然后才指出自己的意见更好、更全面。

研究证明，在下结论前将双方的观点都显示出来，要比只讲自己的观点更能说服别人。

（5）注重有力的证据

你准备去参加某次决策性的会议，为一项不为大家所重视的事业争取更大的一笔款项，什么样的证据最有说服力呢？

如果向听众提供可靠的资料而不是个人的看法，你就会增加说服力。但要记住，听众会受到证据的影响，也从一定程度上会受到证据来源的影响。

有人做了一项有趣的实验，让两组被试者听到关于没有处方是否可以卖抗阻胺片的争论，然后告诉一组被试者说可以卖的证据来自于《新英格兰生理和医学月刊》（这是虚构的），另一组则被告知证据来自于一家流行画报。结果发现，第一组比第二组有更多的人赞成，没有处方也可以卖抗阻胺片。由此可见，引用权威更能消除听众的先入之见。

（6）旁征博引优于空洞说教

你刊登广告，推销某种药品，是把药品的成分、功能、用法详细介绍一番好呢，还是介绍某个患者使用后如何迅速痊愈的事例好呢？作为一个优秀的劝说者都清楚地知道这样一点：个别具体化的事例和经验比概括的论证及一般原则更具有说服力。因此，你想将你的药品多卖一点，最好使用后面一种方法。

在企业管理中，要说服别人，你就应旁征博引，使用具体的例子，而不是一味空洞说教。

总之，说服别人，赢得赞同的能力并不是上天所赋予的，只要通过学习一些社会交往技能（当然首先要观点正确），我们就可以增强自己言谈的说服力，这也是管理人员迈向成功的第一步。

第 02 章

抓决策才是管理者的第一要务

明确决策流程是科学决策的前提

决策一词的意思就是作出决定或选择。管理就是决策，是指通过分析、比较，在若干种可供选择的方案中选定最优方案的过程。它渗透于政治、经济、军事、文化等各个领域。对于个人来讲，人们要对自己的升学、就业、婚姻等问题作出选择或决定。对于组织或集团来讲，也要对有关自身发展的重大问题作出选择和决定。在领导活动中，为了解决重大的问题，领导者往往要采用科学的决策方法和技术，对于实现目标的重要方案作出选择或决定，这就是领导决策。

（1）领导决策方法要科学化

决策是一个非常重要而复杂的过程，保证决策目标的实现必须掌握科学的决策方法。现代社会发展迅猛，社会前进的步伐越来越快，新情况、新问题不断涌现，决策变得越来越困难。因此，领导决策要能借助现代技术手段，采用科学的决策方法，决策任务才能完成，决策目标才能顺利实现。

①决策要尊重科学。我们说决策要尊重科学，就是在领导决策工作中，要尊重自然、尊重社会发展和思维发展的客观规律，时时处处按照客观规律办事。领导者在决策时既要尊重规律，又要充分发挥主观能动性，创造性地利用和发挥客观规律的作用，使客观规律更好地为自己使用，最大限度地服务于我们的决策活动。

②决策要尊重历史。前事不忘，后事之师。只有了解历史，才能更深刻地了解现在和正确地走向未来。领导者在决策中尊重历史，才能使决策符合历史发展的要求。第一，要尊重公司原有的历史。领导者在作出决策时，一定要考虑公司的原有历史和目前的经营情况，不要盲目作出不符合公司实际的决策。比如，一家软饮料生产企业要实行多元化经营，想向制

药业方向发展，这就必须要考虑公司的技术水平是否能胜任制药业的技术要求，以及最终的目标顾客群能否承认公司的这种转变；第二，要善于从历史中继承和发展已有的文明成果，并从中汲取营养，获得前进的动力，使各项决策具备历史继承性；第三，决策还要对社会现象进行历史的分析。社会现象是在一定历史条件下发生的，要正确了解这些现象，就要具体地、历史地分析其形成和变化的条件，从而获得对社会历史时期发展规律的整体认识。

③决策要尊重现实。尊重现实就是说，决策要一切从实际出发，立足客观现实进行决策。领导者只有从企业的实际出发，从各地区、部门、单位的具体情况出发，具体问题具体分析，拿出解决某一具体问题的解决办法，这样的决策才是科学的决策。如果照抄照搬别人的经验和模式制定自己的决策，只能使事业遭受挫折。

④决策要面向未来。领导者在决策过程中，必须用全面的、长远的眼光去观察和思考问题，才能得出比较正确、经得起时间考验的结论，作出符合事物发展规律、有利于一个组织长期稳定发展的决策。面向未来进行决策，领导者就要善于预测，只有对决策问题的未来发展和决策方案的实施结果，以及决策过程中将出现的情况作出比较充分、准确的估计和预测，才能保证决策的科学性。

⑤决策要兼顾利益。社会关系具体表现为各种利益关系。领导者在决策时只有兼顾各方利益，才能满足各方的需要，决策也才能得到响应和执行。改革开放以来，我国的社会经济成分、组织形式、就业方式、分配方式、利益关系日益多样化。利益关系的多样化导致了利益诉求的多样化。领导者只有在决策时妥善地处理各种利益关系，企业的发展才能获得最广泛最可靠的群众基础和力量源泉。

（2）决策程序要规范化

领导决策是领导实践的重要内容，有其自身运行的规律。科学的方法和规范化的程序就是这种规律的表现。严格按照程序决策，就可以使决策建立在科学的基础上，就可以避免领导者的主观随意性和盲目性，从而避免决策的失误。

①决策前的调查研究要深入。从一定意义上说，领导决策的过程就是发现问题、分析问题、解决问题的过程。发现问题、分析问题是整个决策过程的基础，是作出科学决策的前提条件。领导者要发现问题、确认问题必须要采用调查研究的办法，各种潜在的或明显的决策问题，只有通过深入细致的调查研究才能摸到问题症结，才能提供解决问题的方案。

一般来说，围绕决策开展的调查研究，既要对决策的历史背景进行调查，又要对决策系统的环境因素进行调查；既要对系统的现状做详细的调查了解，又要对系统发展的趋势做详细的调查了解。在调查研究中，调查是基础，研究是核心。调查和研究一定要很好地结合起来，只调查不研究就失去了调查的意义；只研究不调查就会成为"纸上谈兵"。调查来的资料只是决策的原料或半成品，如果不对其进行加工，或加工改造得不好，也不可能制成好的成品。所以，在进行广泛的调查之后，领导者要对获得的信息和数据进行研究分析和概括，形成集中和系统的意见，才能作出科学的决策。

②决策要发扬民主。在决策中发扬民主，充分听取多方的意见，是领导者决策民主化、科学化的重要保证。发扬民主，除了完善领导决策制度以外，领导者还要自觉摒弃家长制、个人专断的不良作风，相信群众、依靠群众，充分发挥群众的积极性、创造性。

在决策中发扬民主，首先，要走群众路线，从群众中来，到群众中去。对于要决策的内容和决策的方案要让群众有所了解，要通过会议、媒体等形式让广大群众有知情权，广泛听取群众的意见。将群众的意见集中起来，去伪存真，吸收有益的东西，才能作出令人民群众满意的决策，才能避免可能出现的领导决策的失误；其次，要充分发挥智囊团的作用。智囊团是专门的咨询机构,他们拥有精干的研究队伍和先进的科技手段,能够收集、掌握有关决策可靠的数据和信息,对有关事物未来的前景作出科学的预测和评估,并为领导者提供一系列备选方案。在决策执行中,他们也会紧密追踪决策的任务,随时为领导者修正决策提供参考意见。最后,发扬民主,充分听取多方意见,尤其要关注不同意见。美国管理学家杜拉克说:"决策的第一条原则是,没有反对意见,不能进行决策。"决策中只有一种意见,就很难透彻地分析所要决策问题的利弊,就难以避免决策的片面性。

③决策要有多种备选方案。为了实现决策目标,解决存在的问题,就要分析现有的各项条件,创造新的条件,研讨对策,拟定各种准备实施的方案。拟定多种备选方案,就是要打开思路,从不同角度作多方面的大胆探索,力求不漏掉各种可能途径。备选方案越多,领导者选择的机会就越多,满意方案或最佳方案包含在内的可能性就愈大,决策成功的可能也就愈大。制定备选方案,还应该对潜在的负面问题进行分析,要研究这些问题一旦出现后会产生什么影响和危害,同时要准备某些防范措施和应急方案,以减少那些潜在的负面问题出现的可能性和危害性。

(3)决策监督要经常化、制度化

监督就是根据领导机关制定的路线方针政策对作出的决策进行检查和督促,以便及时发现和纠正决策执行中偏离决策目标的行为所采取的方法和措施。决策监督贯穿于领导决策的全过程。在领导者制定决策时,决策监督能够及时发现可能出现的错误,起到防患于未然的作用。在执行决策的过程中进行,可以保证决策得到顺利执行。

当决策暂时失控而产生负面影响时,也可以通过监督及时查明原因、判明责任、吸取教训。事物的发展是不断发展变化的,新问题、新情况也会层出不穷,因此决策监督必须经常化,而不是一劳永逸的事情。在现行的体制下,一些领导权力过分集中,经常出现的问题是领导决策缺乏监督或难以监督，因此，经常化的监督必须要加强制度建设，以严密的制度来保证对领导决策的监督的落实。

充分获取有效信息

决策理论学派通常将决策分为四个阶段：收集情报，拟订计划，选定计划，评价计划。他们特别强调信息联系在决策过程中的作用。他们把信息联系定为决策的前提，而决策则是以命令、情报或建议的形式出现的。信息是决策的基础。收集、整理企业方方面面的信息，并提出有针对性的建议是决策支持系统，即参谋部门的职责。中国企业经营管理中面临的很多问题，如果追根溯源，多多少少都与信息的收集、处理方式有关。

话说有一个古董商，他发现一个人用珍贵的茶碟做猫食碗，于是假装很喜爱这只猫，要从主人手里买下它。猫主人不卖，为此古董商出了大价钱。成交之后，古董商装作不在意地说："这个碟子它已经用惯了，就一块儿送给我吧。"猫主人不干了："你知道用这个碟子，我已经卖出多少只猫了吗？"

令他万万没想到的是，猫主人不但知道，而且利用了他"认为对方不知道"的错误大赚了一笔。这才是真正的"信息不对称"。信息不对称造成的劣势，几乎是每个人都要面临的困境。谁都不是全知全觉，那么怎么办？首先，为了避免这样的困境，我们应该在行动之前，就尽可能掌握有关信息。

在这个信息化时代，管理者必须掌握充足的信息，在信息处理方面，管理者主要拥有以下职能。

（1）监控者角色

作为监控者，管理者为了得到信息而不断审视自己所处的环境。他们询问联系人和下属，通过各种内部事务、外部事情和分析报告等主动收集信息。担任监控角色的管理者所收集的信息很多都是口头形式的，通常是传闻和流言。当然也有一些董事会的意见或者是社会机构的质问等。

（2）信息传播者角色

组织内部可能会需要这些通过管理者的外部个人联系收集到的信息。管理者必须分享并分配信息，要把外部信息传递到企业内部，把内部信息传给更多的人知道。当下属彼此之间缺乏便利联系时，管理者有时会分别向他们传递信息。

（3）发言人角色

这个角色是面向组织外部的。管理者把一些信息发送给组织之外的人。而且，经理作为组织的权威，要求对外传递关于本组织的计划、政策和成果信息，使得那些对企业有重大影响的人能够了解企业的经营状况。例如，首席执行官可能要花大量时间与有影响力的人周旋，要就财务状况向董事会和股东报告，还要履行组织的社会责任，等等。

管理者应从这几种角色定位去收集信息，对管理者来说，信息主要有公司内部信息和市场信息。各个管理者获取有效信息的方法可能不同，有的管理者喜欢通过正式渠道获取信息，有的管理者偏好非正式渠道获取信息，方法虽然不同，但目标是一样的，即为了更好地决策。管理者在获取信息时应把握以下原则。

（1）目的性原则

信息的收集必须有明确的目的，必须根据具体任务和实际需要，有的放矢地收集。

（2）准确性原则

信息的收集必须准确，不准确的信息不仅浪费了人力、物力和时间，甚至会导致决策失误，造成巨大的经济损失。

（3）系统性原则

一般来讲，信息的产生和传播，有零散、断续的特点，它不是一次性地集中发出，而是在时间上有间隔，内容上不完善。因此，多方拓展信息来源，注意信息的积累，加强信息的系统性，是提高信息质量的一个重要因素。

（4）时效性原则

时效性是信息所具有的一个极重要的属性，信息如果过时，也就失去或减弱了使用价值。保证信息收集及时有效的办法，就是积极做好信息预测工作，抓潜在信息，走在时间的前面。

（5）全面性原则

地区不同，部门不同，各种社会或经济活动不同，信息的生成量密度和含量也不相同。因此，在信息收集时，必须采取多种方法，进行上下、左右、前后的多方位收集，并把收集对象的相关因素联系起来综合考虑，找出其中的共性和规律。

制定远大的发展目标

不少人认为天才或成功是先天注定的。但是，世上被称为天才的人，肯定比实际上成就天才事业的人要多得多。为什么？许多人一事无成，就是因为他们缺少雄心勃勃、排除万难、迈向成功的动力，不敢为自己制定一个高远的奋斗目标。不管一个人有多么超群的能力，如果缺少一个认定的高目标，他将一事无成。设定一个高远目标，就等于达到了目标的一部分。

1969年，从小就喜欢吃汉堡的迪布·汤姆斯在美国俄亥俄州成立了一家汉堡餐厅，并用女儿的名字为店起了名——温迪快餐店。在当时，美国的连锁快餐公司已比比皆是，麦当劳、肯德基、汉堡王等大店已是大名鼎鼎。与他们比起来，温迪快餐店只是一个名不见经传的小弟弟而已。

迪布·汤姆斯毫不因为自己的小弟弟身份而气馁。他从一开始就为自己制定了一个高目标，那就是赶上快餐业老大麦当劳！

20世纪80年代，美国的快餐业竞争日趋激烈。麦当劳为保住自己老大的地位，花费了不少的心机，这让迪布·汤姆斯很难有机可乘。一开始，迪布·汤姆斯走的是隙缝路线，麦当劳把自己的顾客定位于青少年，温迪就把顾客定位在20岁以上的青壮年群体。为了吸引顾客，迪布·汤姆斯在汉堡肉馅的重量上做足了文章。在每个汉堡上，他都将其牛肉增加了零点几盎司。这一不起眼的举动为温迪赢得了不小的成功，并成为了日后与麦当劳叫板的有力武器。温迪一直以麦当劳作为自己的竞争对手，在这种激励中快速发展着自己。终于，一个与麦当劳抗衡的机会来了。

1983年，美国农业部组织了一项调查，发现麦当劳号称有4盎司汉堡包的肉馅，重量从来就没超过3盎司！这时，温迪快餐店的年营业收入已超过了19亿美元。迪布·汤姆斯认为牛肉事件是一个顶翻快餐业霸主的机会，于是对麦当劳大加打击。他请来了著名影星克拉拉·佩乐，为自己拍摄了一则后来享誉全球的广告。广告说的是一个认真好斗、喜欢挑剔的老太太，正在对着桌上放着的一个硕大无比的汉堡包喜笑颜开。当她打开汉堡时，她惊奇地发现牛肉只有指甲片那么大！她先是疑惑、惊奇，继而开始大喊："牛肉在哪里？"不用说，这则广告是针对麦当劳的。美国民众对麦当劳本来就有了许多不满，这则广告适时而出，马上引起了民众的广泛共鸣。一时间，"牛肉在哪里？"这句话就不胫而走，迅速传遍了千家万户。在广告上取得巨大成功的同时，迪布·汤姆斯的温迪快餐店的支持率也得到了飙升，营业额一下子上升了18%。

凭借针对麦当劳的这次打击，温迪的营业额年年上升，1990年达到了37亿美元，发展了3200多家连锁店，在美国的市场份额也上升到了15%。直逼麦当劳坐上了美国快餐业的第三把交椅。

美国伯利恒钢铁公司的建立者齐瓦勃出生在美国乡村，只受过很短的学校教育。尽管如此，齐瓦勃却雄心勃勃，无时无刻不在寻找着发展的机遇。他相信，自己一定能做成大事。

18岁那年，齐瓦勃来到钢铁大王卡内基所属的一个建筑工地打工。一踏进建筑工地，齐瓦勃就抱定了要做同事中最优秀的人的决心。

一天晚上，同伴们都在闲聊，唯独齐瓦勃躲在角落里看书。这恰巧被到工地检查工作的公司经理看到了，问道："你学那些东西干什么？"齐瓦勃说："我想我们公司并不缺少打工者，缺少的是既有工作经验，又有专业知识的技术人员或管理者，不是吗？"有些人讽刺挖苦齐瓦勃，他回答说："我不光是在为老板打工，更不单纯为了赚钱，我是在为自己的梦想打工，为自己的远大前途打工。"抱着这样的信念，齐瓦勃一步步向上升到了总工程师、总经理，最后被卡内基任命为了钢铁公司的董事长。最后，齐瓦勃终于自己建立了大型的伯利恒钢铁公司，并创下了非凡业绩。凭着自己对成功的长久梦想和实践，齐瓦勃完成了从一个打工者到创业者的飞跃。

开始时心中就怀有一个高的目标，意味着从一开始你就知道自己的目的地在哪里，以及自己现在在哪里。朝着自己的目标前进，至少可以肯定，你迈出的每一步都是方向正确的。一开始时心中就怀有最终目标会让你逐渐形成一种良好的工作方法，养成一种理性的判断法则和工作习惯。如果一开始心中就怀有最终目标，就会呈现出与众不同的眼界。有了一个高的奋斗目标，你的人生也就成功了一半。如果思想苍白、格调低下，生活质量也就趋于低劣；反之，生活则多姿多彩，尽享人生乐趣。

管理者不作太多决策，只作重大决策

有效的管理者不作太多的决策。他们所作的都是重大的决策。管理大师杜拉克认为：在决策中，"要看'正当的决策'是什么，而不是'人能接受的'是什么。"

第02章
抓决策才是管理者的第一要务

通用汽车公司的一次高层会议上，没有人对一项新的提案提出异议。公司总裁斯隆先生问："诸位先生，在我看来，我们对这项决策，都有了完全一致的看法了。"出席会议的委员们全部点头表示同意。但是斯隆先生接着说："现在，我宣布会议结束，下次会议时再讨论这一问题。我希望到时候能听到相反的意见，也许那样我们才能真正了解这项决策。"

斯隆先生堪称"天才的决策家"。他认为"提案"都必须经得起事实考验。同时他强调，不能先得出结论，而后去搜集"事实"来支持这一结论。他的观点是：正确的决策，必须从正反不同的意见中才能得到。斯隆先生的事例给出的结论是：除非有不同的见解，否则就不可能有决策。这是决策的一条原则。也就是说，有效的管理者绝不认为某一行动方向为"是"，其他行动方向均为"非"，他也绝不坚持己见，以自己为"是"，以他人为"非"。有效的管理者第一步会先找出为什么各人有不同的意见。

杜拉克说："有效的管理者，作的是有效的决策。"他认为一位管理者之所以受聘为管理者，并不是要他做他"喜欢做"的事，而是要他做他"应该做"的事——尤其是要他作有效的决策。他特别推崇被认为是商业史上最有成效的决策者西奥多·维尔（曾于1910年开始担任美国AT&T公司总裁20年）。在西奥多·维尔做贝尔电话电报公司的总裁期间，他成功地将贝尔公司建成全球最大、发展最快的私人公司。杜拉克认为AT&T公司之所以有这样辉煌的成就要归功于维尔担任总裁期间所作的四项重大决策，即公开承诺AT&T公司的使命是"我们的企业是服务"，建立贝尔实验室，成立公众监督委员会，以及开创了一个满足非上市私人公司资金需求的大众资本市场。的确，这才是管理者应当做的，也只有管理者才能做的正确的事。

维尔一上任就非常清楚地认识到，如果想要保持自己的私营企业不被政府接管，那么贝尔公司必须比政府机关能更好地照顾公众的利益。

于是维尔作出了第一个决策：贝尔公司必须预测并满足公众对其服务方面的希望和要求，也就是贝尔的座右铭："我们的业务就是服务。"然后维尔制定出新标准检查员工服务工作的好坏，而从来不强调利润完成的情况。

贝尔公司意识到如果企业希望能够存活长久，有效、公正和有原则的公众管理是不可缺少的。维尔因此把实现公众管理当成了贝尔公司的目标，要求员工在拓展业务的同时，还必须注意保护公众的利益。这是维尔作的第二个决策。

为了解决没有正常竞争环境的问题，维尔说："我们可以把将来当成对手，让将来与现在竞争。"他作了第三个决策：建立了贝尔实验室。杜拉克认为："贝尔实验室的建立就是为了大胆淘汰现有产品，即使是那些非常盈利、收效不错的产品，这是一项当时世界上绝无仅有的创举。"

由于贝尔公司需要大笔资金进行公司现代化改造和扩张，于是维尔作了第四项决策：贝尔公司引进一种新型股票，投资者股息有保证，资产增值时还能享到好处，通货膨胀时免受损失的新型股票，而且贝尔公司的股票由自己做股票承销工作。

西奥多·维尔才华横溢、头脑敏锐、具有非凡的远见，他的确是一个组织天才。他任贝尔总裁期间只作了四项重大决策，却为公司赢得了辉煌。

决策的有效性取决于决策者对决策可行性、可接受性以及决策质量、耗时等因素的重视程度。管理者在进行决策时，都应当将精力集中在对问题性质的认识上，以便更好地针对问题进行决策。

一位有效的管理者，遇到了问题，总是先假定该问题为"经常性质"。这个问题是经常出现，还是以后会经常出现？抑或是纯粹的偶然？他总是先假定该问题只是一种表面问题，一定另有更基本的相关问题存在。他要找出真正的问题所在，不会以解决表面问题为满足。

如果想要在人事问题上作一个正确的决策，那你必须要有足够的时间进行不间断的考虑，尤其是在重要环节的用人上，一点也不能含糊。在用人时，对一个人的能力、性格、长处、缺点等，都要经过深思熟虑，看看他是否能够胜任，是否大材小用，是否用的是其所长而回避了所短，是否能够服众，使自己的特长与潜能得以充分发挥等，然后再作决定。

一个有效的管理者，要有战略眼光，不仅要能够把握现在，而且还要能够把握未来。这就要在平时重视对企业发展有重大影响的信息，对市场保持敏锐的洞察力以保障产销方面的决策正确。一个有效的管理者作的决策，一定要符合经济规律、符合企业自身的实际情况，而且必须是经过努力可以实现、有激励作用的决策。

有效的管理者需要的是决策的冲击，而不是决策的技巧；要的是好的决策，而不是巧的决策。有效管理者要尽可能多地准备方案，方案越多，选择的余地越大，采用最佳方案的可能就越大；还要充分发挥大家的智慧，集思广益，只有有不同的见解，才会有最好的决策；另外，决策者还要有创新和开拓精神，敢于作出常规的思维不能作出的决策。

管理者还应该将行动纳入决策当中，不要只是纸上谈兵。行动前要作好预谋规划，搞好宣传，让下级能够充分的理解；对执行过程中可能出现的意外情况事先作好准备，并在执行中不断总结经验教训；然后严格按照要求贯彻执行，合理激励员工。

熟练运用决策分析

决策分析一般分四个步骤：①形成决策问题，包括提出方案和确定目标；②判断自然状态及其概率；③拟定多个可行方案；④评价方案并作出选择。一般来说，在一项决策形成后，要进行可行性分析，看是否可行。领导者在作出决策时，一定要进行可行性分析，不要作想当然的、拍脑袋式的决策。下面我们来看一个故事：

1796年3月，拿破仑偕同新婚妻子约瑟芬参观卢森堡大公国第一国立小学，辞别之时拿破仑向校长送上一束价值三个金路易的玫瑰花，并慷慨陈词："只要法兰西国存在一天，今后每年的今天都将向贵校送上一束价值相等的玫瑰花，作为法国与卢森堡国的友好象征。"拿破仑这个表态他第二年就忘记了，但卢森堡国却记入了他们的史册。1984年年底，卢森堡大公国极其郑重地通知法兰西共和国，要么从1797年起按利息结清玫瑰花债，要么法国各大报纸承认本国的一代天骄拿破仑是言而无信的小人。法国财政部在电子计算机荧屏上看到的数字是1375596法郎，不禁面面相觑，叫苦不迭。

拿破仑的一时心血来潮，随意许下的这个承诺，让法国人非常难堪。所以，作出决策前一定要做可行性分析，不作不切实际的许诺。

在决策实践中，可行性分析有广狭两种用法。广义的概念是，任何一种决策，都要进行可行性的分析与论证，整个决策过程中，都要以可行性分析为基础，譬如要分析和论证决策目标是否可行，决策方案是否可行，决策实验敏感度如何，等等。狭义的可行性分析主要是指对重大工程项目决策的可行性论证。所谓"重大工程项目"，一般是指那些在某一经济部门（工业、农业、国防部门）需要建设的总投资额超过国家规定的某一限额（如数亿元以上以至数十亿元甚至数百亿元），对该经济部门的经济效益、军事部门的军事效益影响较明显，而且工程建设周期较长、工程规模较大的建设项目。例如，大型钢铁联合企业、大型油田、大型水利枢纽、核电站等。世界上任何一个国家在进行现代化建设中，都必须建设若干个重大工程项目，才能构成独立完整的国民经济体系。重大工程决策，对整个国民经济建设具有特殊重要的作用。而决策正确与否，则对整个国民经济的发展产生重大影响。因此，要做到重大工程项目决策的科学化，就必须对所要确定的目标，达到目标的途径等问题,进行充分的可行性分析与论证,从而减少以至避免重大工程项目决策上的失误,使重大工程项目的决策建立在科学的基础上。

可行性分析与论证是决策过程中不可缺少的一个重要环节,是科学决策的基础和前提。它的基本作用是从政治、经济、技术等方面论证决策目标或决策方案是否可行。通过可行性论证,确定设立的目标或某些备选方案的合理性、正确性,同时又可以发现设立的目标或某些方案由于条件不具备或受某些条件限制而行不通,从而排除这些目标或方案,为下一步的目标确立和方案的选择提供可靠的依据。因此,决策过程中有无可行性论证及其论证的质量如何,直接关系到决策的成败。过去,由于我们对决策可行性论证的重要性认识不足,一些重大工程项目不经过经济技术可行性分析就盲目上马;有时虽然进行可行性分析,但往往是颠倒了可行性分析与决策选优的次序,在领导者拍板定案后,用来单纯论证原决策的"正确性"。这些,都曾给我们的事业造成巨大的损失。

把握决策的时机

1975 年初春的一天,美国亚默尔肉食加工公司的老板正躺在沙发上看报纸,突然,一则短信让他双眼圆睁:

"墨西哥将流行瘟疫。"

这位老板立刻推测,如果墨西哥有瘟疫,必定从加利福尼亚和得克萨斯两州传入美国,而这两州又是美国肉食供应的主要基地。这两地一旦瘟疫盛行,那么全国肉类供应必定紧张。

于是,在证实了这个消息的可靠性之后,他倾囊购买得克萨斯州和加利福尼亚州的生猪和牛肉,并及时运往美国东部。

不出所料,从墨西哥传来的瘟疫蔓延美国西部几个州。美国政府立即严禁这些州的食品外运。于是美国全境一时肉类价格暴涨，肉类奇缺。

亚默尔公司数月内净赚900万美元，一时尽占风光。

机不可失，时不再来，在进退之间不能把握时机者，必将一事无成，遗憾终生。凡成大事者，他们可以在机会中看到风险，更在风险中抓住机遇。能迅速抓住机遇的人才能获得成功，对于那些随遇而安、犹豫不决的人来说，机会即使摆在他面前，也把握不住。

西奥多·罗斯福有句名言："在你作决定的时候，最好的情况是你选择了正确的决定，其次是作出了错误的决定，最差的就是你什么决定都没作。"

纵使千言万语，也抵不上一次实际行动。能迅速作出决定，知道自己要什么的人，通常能得到他所想要的东西。过度的疑虑会拖延我们作出决定，使你错失本该获得的成就。

14世纪，法国经院哲学家布利丹，在一次议论自由问题时讲了这样一个寓言故事："一头饥饿至极的毛驴站在两捆完全相同的草料中间，可是它却始终犹豫不决，不知道应该先吃哪一捆才好，结果活活被饿死了。"由这个寓言故事形成的成语"布利丹驴"，被人们用来喻指那些优柔寡断的人。后来，人们常把决策中犹豫不决、难作决定的现象称为"布利丹效应"。

决策者避免布利丹效应的对策：果断选择后全力大赌。企业必须果断地抓住时机，确定新的行进方向，集中所有资源不遗余力地向新方向进发，这是一位优秀决策者应有的前瞻性能力。

"看清了再做"越来越成为一种理想状态，而不会在现实决策中出现，因为当你看得非常清楚的时候，所有的竞争对手都可能看得很清楚了，那么这个战略方向就不可能孕育着"大赢"的机会了。因此，大致看清楚一个方向的时候，企业就必须全力进取，才能够有所突破。

实际上，在没有全力进入新方向之前，没有人可以准确地看清前行的

第 02 章
抓决策才是管理者的第一要务

道路，为了抓住机会，企业必须作出果断的决策。有时候，企业甚至需要进行一场"豪赌"，这是企业最高决策者必须承担的一项责任。在这个过程中，最怕的是"浅尝辄止，四面出击"。"浅尝辄止"，很可能在快要挖到井水的时候放弃，而并不能探索出真正的道路来；"四面出击"，只会分散有限的精力和资源，而不可能找到未来的增长点。

大赌有赢也有输，这是必然的现象。但如果长时间犹豫不决，代价可能更大。格鲁夫在回忆英特尔转型时谈道："路径选错了，你就会死亡。但是大多数公司的死亡，并不是由于选错路径，而是由于三心二意，在优柔寡断的决策过程中浪费了宝贵的资源，断送了自己的前途。所以最危险的莫过于原地不动。"选择可能是错的，但是不选择的代价可能更高。严重地说，后者无异于一种慢性自杀。随着竞争的损耗，企业的资源越耗越薄，选择的空间越来越少，看起来选择多元化的企业像是保留了"东边不亮西方亮"的权力，但实际上丧失的是在任何一点获得突破的可能性。

有这么一则现代管理寓言，说有一企业家，随着事业发展，手下人手日增，人多嘴杂主意多，什么事都想争个高下。企业家不知听谁的好，根本无法形成决策，企业运行陷入瘫痪。企业家怀疑自己无能，不敢见人，整日闭门看报学经。这日，见报上介绍一个新产品，名曰"决策机"，立即买来一台，并严格按照使用说明进行操作。这样一来，凡有需决策之事，他进小黑屋叮叮当当按几下机器，便回身答复"行"或"不行"。手下人不明就里，直夸老板变得果断英明。一日，企业庆功，企业家酒后吐真言，英明者乃"决策机"也。手下大喜，既如此，我们何不把这个英明的钢铁家伙拆开来研究透了，仿制了来卖？说干就干，切割机开始工作，切开一层又一层，厚厚的彩色钢板终于被切开，核心部件露出真面目——硬币一枚，一面写着 YES（行），另一面写着 NO（不行）。

学会放弃旧有的包袱

美国电话电报公司前总经理卡贝曾说过，放弃是创新的钥匙。企业每个新项目的出炉，往往也意味着一个旧项目的消亡。一个企业不可能面面俱到，当我们把全副精力投入到新项目时，也要学会放弃对你意义不大的旧项目，一个企业懂得放弃，才会有发展，否则让繁复的琐事束缚你的手脚，将使你一事无成。

现代社会似乎给我们描绘了一幅幅风和日丽、欣欣向荣的财富画卷，而一个个诗情画意、神乎其神的成功故事，则更令我们激情冲动、意乱情迷。于是，在众多的致命诱惑面前，太多的人忘却了理性地分析和选择，忘却了放弃，而任凭拥有和欲望的野马在陷阱密布的商界里纵横驰骋。殊不知，"放弃"是一种战略智慧。学会了放弃，你也就学会了争取。

成立于1881年的日本钟表企业精工舍，是一家世界闻名的大企业。它生产的石英表、"精工·拉萨尔"金表远销世界各地，其手表的销售量长期位于世界第一的位置。它能取得这样的成功，全取决于其第三任总经理服部正次的放弃战略。

1945年，服部正次就任精工舍第三任总经理。当时的日本还处在战争破坏后的满目疮痍中。精工舍步子疲惫，征程漫漫。而这时，有"钟表王国"之称的瑞士，由于没有受到二战的破坏影响，其手表一下子占据了钟表行业的主要市场。精工舍面临着巨大的生存危机！

服部正次并未被困难所吓倒，他沉着冷静，制定了"不着急，不停步"的战略，着重从质量上下手，开始了赶超钟表王国的步伐。10多年过去了，服部正次带领的精工舍取得了长足的进展，但仍然无法与瑞士表分庭抗礼。整个20世纪60年代，瑞士年产各类钟表1亿只左右，行销世界150多个国家和地区，世界市场的占有率也达到了50%～80%。有"表中之王"美誉的劳力士,和浪琴、欧米茄、天梭等瑞士名贵手表,依然是各国达官贵人、富商巨贾等人财富地位的象征。无论精工舍在质量上怎样下功夫,都无法赶上瑞士表的质量标准。

怎么办?是继续寻求质量上的突破,还是别走他途?服部正次思量着。他看到,要想在质量上超过有深厚制表传统的瑞士,那简直是不可能的。服部正次认为精工舍该换个活法了,他要带领精工舍另走新路。经过慎重的思考,服部正次决定放弃在机械表制造上和瑞士表的较劲,转而在新产品的开发上做文章。

经过几年的努力,服部正次带领他的科研人员成功地研制出了一种新产品——石英电子表!与机械表相比,石英表的最大优势就是走时准确。表中之王的劳力士月误差在100秒左右,而石英表的误差却不超过15秒。1970年,石英电子表一经投放市场,立即引起了钟表界和整个世界的轰动。到70年代后期,精工舍的手表销售量就跃居到了世界首位。

在电子表市场牢牢站稳了脚跟后,1980年,精工舍收购了瑞士以制作高级钟表著称的"珍妮·拉萨尔"公司,转而向机械表王国发起了进攻。不久,以钻石、黄金为主要材料的高级"精工·拉萨尔"表开始投放市场,马上得到了消费者的认可,成为了人们心中高质量、高品质的象征。

通过放弃战略,精工舍取得了巨大的成功。在风云变幻的商场,这种例子不胜枚举。摩托罗拉公司放弃了制造,将制造中心托付给新加坡和中国,它赢得了自己在研发和市场的战略制高点。同样,"买卖的松下"和"服务的IBM"放弃了"统一于技术"的战略导向,而日立、索尼、本田、惠普等则放弃了"统一于市场"的战略努力。放弃是一种基于战略的价值判断,是一种有进有退、以退为进、以守为攻、张弛有度的战略智慧。

面对战略选择的诸多困境,选择放弃需要更大的勇气和胆识,需要非凡的毅力和智慧。因此,企业家应勇于摆脱成功光环阴影的羁绊,把企业的利益作为最高的利益，把企业的可持续发展作为终极追求。面对"灯红酒绿"的规模、利润等诸多诱惑，企业家同样要能够耐得住寂寞，卧薪尝胆，十年磨剑，守身如玉，坐怀不乱。多一些耐心和耐力，少一些焦灼和浮躁。太多的经验教训告诉我们：成功的企业是不断地进行理性的放弃才获得了持久的成功，而失败的企业则因不能进行理性的放弃才导致了最终的失败。

第 03 章

团队高效运作重在"知人善用"

扬长避短识人才

人才是公司发展的雄厚资本,一个成功的管理者要懂得挖掘人才。大量的人力资源来源于管理者有效发现下属的才智,使其各尽所能。但是由于有些领导经常使用自己信得过的下属,而疏远那些尚待发现的人才,致使某些工作难以展开。发掘人才,既需要眼光,也需要耐心,二者缺一不可。

一个不善于发掘人才的管理者,只能埋没人才,给公司带来损失。因此,发掘人才是体现管理者眼力和能力的标准之一,不应漠视。管理者不应该以"鸡蛋里挑骨头"的方法去识别人才,而应该以"矮子中拔将军"的眼光去发现人才,因为金无足赤,人无完人。所以用人的简单道理就是用人长而避其短。

人各有所长,亦各有所短,只要能扬长避短,天下到处是人才。只需要你有一个双发现人才的慧眼。

有一个木匠,连自己的床坏了都不能修,可见他的技能是很差的。可他却自称能造房屋,许多人对此将信将疑,后来在一个造屋工地上这位木匠的能力被证明了。只见他发号施令,指挥若定,众多工匠在他的口令下各自奋力做事,有条不紊,秩序井然,让人大为惊叹。对这种人应当怎么看呢?如果因他不是一位好的工匠就弃之不用,那无疑是埋没了一位出色的工程组织者。这一先一后,看似无所谓,其实十分重要。

从这个故事可以悟出一个道理:若先看一个人的长处,就能使其充分施展才能,实现他的价值;若先看一个人的短处,长处和优势就容易被掩盖和忽视。因此,看人应首先看他能胜任什么工作,而不应千方百计挑其毛病。即使是对毛病很多的人,也要看到他的长处,才能充分利用他的才干。

在识人所长的同时，要能容其所短。短处包括两个方面，一是本身素质中的不擅长之处；二是所犯的某些过失。一方面，越有才能的人，其缺陷也往往暴露得越明显。例如，有才干者往往恃才自傲；有魄力的人容易不拘常规；谦和的人多胆小怕事等。错误和过失是在所难免的。因此，如果对所犯的小错也不能宽恕，就会埋没人才。

其实，任何人都有其长也有其短，识别人才重要的一点就是以长补短。倘若识人，只注意某一个侧面，而这一侧面恰好是人才的缺点或短处，于是就武断地下结论，那么，这种方式是非常危险的，大批人才将被抛弃和扼杀。孔雀开屏是非常漂亮的，倘若一个人不看孔雀那美丽的羽毛，只看到孔雀开屏时露出的屁股，就会武断地认为孔雀是丑陋的。管理者只有通过扬长避短，才能得到自己所需的人才，否则你就会怎么看怎么不顺眼，结果没有一个中意的，这样必败无疑。

用人不疑，疑人不用

用人固然有技巧，但最简单最重要的方法是信任和大胆地委派工作。

企业文化中最重要的内容之一就是对人要充分信任。"用人不疑，疑人不用"正是这个道理。一些企业不但没有建立起以人为本的企业文化，反而在发展到一定阶段时出现了内部权力之争，企业失去了凝聚力，也就失去了它的社会资本。

所谓企业的社会资本，是指人们为了实现企业利润最大化的目标而在企业内部互相信任、互相依赖的一种社会资源，它是企业发展所不可或缺的。企业增值的一个重要条件是组织内部共同协作的能力，而这种协作的能力是建立在相互信任、相互合作的基础上的。

在一家企业内部，倘若没有相互信任，缺乏共享的价值观念、专业知识以及共同合作的准则，员工之间就无法彼此信任，企业的社会资本难以形成，经营效率难以提高，企业的竞争力也就不可能得到增强。

有关社会资本的著名国际案例是美国某公司的兴衰史。公司失败的最重要原因，并不因为缺乏资金和人力资源，1984年该公司的营业额高达33亿美元，拥有48万名员工，可谓实力雄厚，而是缺乏社会资本，缺乏凝聚公司内部员工的社会基础。受中国传统文化的影响，公司总裁本人对家族外的高层领导者不放心，也不信任。因此，当外部竞争环境发生变化时，他便把公司大权交给自己的儿子，而本应继承权力的职业经理人遭到了冷落，结果导致许多有才华的经理人在关键时刻离职而去，使公司业绩一败涂地，到了不可收拾的地步。

日本松下的一位总裁曾说："用他，就要信任他；不信任他，就不要用他，这样才能让下属员工全力以赴。"用人固然有技巧，但最重要的就是要用人不疑，疑人不用。通常受上司信任、能放手做事的人，都会有较强的责任感，所以无论上司交代什么事，都会全力以赴。相反地，如果上司不信任下属员工，动不动就指手划脚，使下属员工觉得自己只不过是奉命行事的机器而已，事情成败与他的能力高低无关，因此对于上司交办的任务也不会全力以赴了。

管理者都知道信任别人对工作会有所帮助，但却很不容易做到。上司在交代员工做事时总会存着许多疑虑，譬如："这么重要的事情交给他一个人去处理，能负担得来吗？"或者"像这种敏感度很高，需要保密的事，会不会泄露出去呢？"管理者通常会有这种微妙的矛盾心理。

而更微妙的是，当上司以怀疑的眼光去对待员工时，就好像戴着有色眼镜，一定会有所偏差，一件很平常的事也会变得疑虑丛生了。相反，以坦诚的态度面对员工，就会发现对方有很多可靠的长处。信任与怀疑之间，就有这么大的差别。

现代社会最大的缺点，就是人与人之间普遍缺乏互信互敬的胸怀，因此导致许多意识上的差异，甚至行为上的争执，造成社会秩序的混乱。领导者如果有信任别人的度量,不但可以提高办事效率,还可以为缺乏信任的人际关系增添许多光明与和谐的成分。

韩国三星集团领导者李秉哲一直坚持"人才第一"的经营理念。他尊重员工,并创造条件使他们充分发挥才能。"疑人不用,用人不疑"是李秉哲从创业初期就始终实行并一贯坚持的用人之道。只要是他看准的人才,就大胆提拔使用,并且努力扶持并予以充分的信任,使他们信心十足地发挥自己的潜力。有"硅谷常青树"美称的美国惠普公司认为,人才最需要的是信任和尊重。惠普在这方面是一个包容性很强的公司,它只问你能为公司做什么,而不是强调你从哪里来。在处理问题时只有基本的指导原则,却把具体细节留给基层经理,以便作出合适的判断,这样公司可以给员工保留发挥的空间。惠普是最早实行弹性工作制的企业,允许科技人员在家里为公司工作。惠普不歧视离开惠普又想返回的人才,有一位高级副总裁在惠普曾经三进三出。惠普实行分权管理,在公司管理层的支持下,各类人员各负其责,自我管理,公司鼓励员工畅所欲言,要求员工了解个人工作情况对企业大局的影响,并不断提高自身的技能,以适应市场不断变化的要求。

因此,对待要用之人,首先就要依赖,并且要抱着宁愿让对方辜负我,也不愿怀疑他的诚意,如此才能赢得员工的忠诚。

走出"人才"误区

著名的汽车大王帕尔柏刚开辟自己的汽车代理业务时,曾为自己的公司聘请了一位大汽车制造公司的管理者来负责汽车的营销业务。对汽车来说,这位管理者的知识足以去当一名大学教授。但遗憾的是,这位管理者对汽车的销售、销售人员的管理、如何控制不必要的销售费用、营销策略方面的知识一窍不通,由于他来自生产厂家,习惯于汽车生产管理,对如何与厂方据理力争，抓到畅销车的货源缺乏见地，最终使帕尔柏希望落空。后来，他另聘一位善经营懂销售的人，此人十分了解汽车销售行情，推销中有自己独特的见解，更注意费用的核算，使帕尔柏的公司蒸蒸日上。

随着公司业务的发展，公司内部都要增添些新鲜"血液"。但如果所接受的"血"型不对，就无法使公司充满活力。反之，极大地影响公司发展，甚至使公司"病危"。故此，管理者若能走出以下几个误区，用人就会变得简单许多。

（1）"专家"误区

为了保证招聘质量，管理者可能会组织一批由各种"专家"如人力资源专家、心理测试专家、专业技术人员等组成招聘队伍。这些"专家"可谓是精兵强将，但在招聘方面也许并不顶用，因为具体岗位需要什么样的角色，他们并不会十分清楚。因此，管理者要请一些行家里手来评判，请熟悉岗位的人来招聘新人。

（2）"文凭"误区

文凭与学历的确可以代表或说明一个人的文化水平，但不能把文凭、学历看得过于神圣，过于绝对。因为学历、文凭并不等于知识；文凭、知识也不等于才能；知识、才能更不等于贡献。

（3）"精英"误区

有人说，"一个诸葛亮是伟大的，但三个诸葛亮就很难说了"。这与"三个臭皮匠，顶个诸葛亮"正好相反。因为聚集"伟大人物"并非就能组成"伟大小组"，即把所有单个令你满意的人放在一起并不一定会作出令你满意的工作。一个好的小组，必须是甲擅长这方面，乙精通那方面，各有长短，将他们组合在一起才能变成面面都行的好小组。如同一个好的乐队，吹、拉、弹、唱都有，再加一个会指挥的，就可演奏出好的乐章。如果一个小组，都是精英，如同满盘象棋都是车，见面就"碰"，工作是无法开展的。管理者在招聘人才时,不要指望个个顶呱呱,更不要将同类型的人才凑合在一起,关键是要长短搭配,优势互补。

(4)"经验、直觉、测验"误区

直觉、经验、测验固然重要,但不可过分依赖。因为滥用的心理测试也许不能提供准确的信息,反而掩盖了被试者的实际能力。如有些理想人格的模式可以构筑心理学家心目中的某种幻想,但对实际工作并无多大意义。

总之,这里的种种误区只是给管理者给提个醒,时刻预防陷老套子,要敢于向传统模式挑战,才能够适应新时代招人的潮流,做新时代的领头人!

人才是一个公司中最宝贵的财产,作为管理者又怎样快速地拥有这份财产呢?最简单的捷径就是招聘到有用之才,这里有5个锦囊妙计,不妨一试。

①许诺重金;

②高位任他选;

③说服其朋友;

④满足合理的要求;

⑤解决他的后顾之忧。

看看以下的故事就知道这5招确实是"够威够力"。

在美国纽约的华尔街,有一个来自中国上海的华人金融家,他的名字叫蔡志勇。蔡志勇于20世纪50年代初期投身于美国金融界,几十年来任凭华尔街潮涨潮落,狂澜迭起,他都以自己神奇的智慧和力量化险为夷,绝处逢生。特别是在一波三折、危机四伏的股票市场上,步步为营,稳扎稳打,从而取得了辉煌的成就,被誉为"点石成金的魔术师"、华尔街的"金融大王"。他于1987年2月1日荣任全美500家大企业之一的美国容器公司董事会首席执行董事和董事长。说到这里,我们不能不说说威廉·伍德希德这个洋"伯乐"是怎样慧眼识蔡志勇这匹"千里马"的。

威廉·伍德希德是美国容器公司的董事会首席执行董事和董事长，是一个"唯才是举"的开明人士，他所管理的容器公司是一家实业公司，下属多家制罐厂，多年来一直想在金融界求得发展，因此，急需聘请像蔡志勇这样的奇才来策划经营，但苦于一直找不到合适的人选。蔡志勇在金融界所展示的超凡的才能引起了威廉·伍德希德的注意，他慧眼识俊杰，立即与蔡志勇接洽商谈。由于威廉·伍德希德求贤若渴，又不愧是网罗人才的高手，竟不惜以 1.4 亿美元的现金和股权高价收购了由蔡志勇任董事长兼首席执行董事的"联合麦迪逊"财务控股公司，并邀蔡志勇出任容器公司董事。明眼人一看便知，威廉·伍德希德收购"联合麦迪逊"是假，"收买"蔡志勇是真。

蔡志勇赴任后果然没有令威廉·伍德希德失望，凭借着容器公司的雄厚实力，他在金融界大展身手，没多久就使得容器公司有了突破性的进展。他先是动用 1.52 亿美元收购了美国运输人寿保险公司的股票，又以 8.9 亿美元的巨资收购了若干家保险公司、一家经营互惠基金的公司、一家兼营抵押及银行业务公司……并再投资 2 亿美元，进一步发展这些公司的业务。他连续四年将超过 10 亿美元的资金用于容器公司的多种金融服务事业。

蔡志勇以金融业务为突破口，并积极开展多样化的业务，使该公司1984 年资产达 26.2 亿美元，销售额为 31.78 亿美元；1985 年第一季度的纯收入达 3540 万美元，而 1986 年第一季度的纯收入高达 6750 万美元，同期相比几乎翻番！证券业务更是令人惊叹！仅以 1985 年为例，容器公司下属的各保险公司售出的保险单面额高达 770 亿美元。看到蔡志勇上任仅 4 年，就为公司增加了 10 亿美元的资产，威廉·伍德希德更加器重蔡志勇，1982 年 2 月任他为执行副总裁，1983 年 8 月又将他升任为副董事长。威廉·伍德希德不无自得地坦言相告："蔡志勇是容器公司金融服务业的'顶梁柱',我们之所以收购他的公司,就是为了把他吸收到我们公司里来。"

1986年威廉·伍德希德退休,按惯例,作为董事长,他在退休之前要向董事会推荐他的接班人。当时有两名候选人,一名是时任副董事长,57岁的蔡志勇;一名是时任副总裁,55岁的康诺。最终,他选择了蔡志勇。因为他清醒地看到,蔡志勇在事实上已成为美国容器公司"伟大的战略执行者",也"更具有发展事业的信念和能力,更有进取心"。

至此,人们不得不佩服威廉·伍德希德的远见卓识,1.4亿美元也确实花的值得。

盲目裁员不可取

在面对危机和陷入经营困境的时候,许多企业首先想到的就是裁员,甚至被视为各行各业代表的一些名牌企业也常常这么做。如美国电话电报公司、柯达相机公司、艾克森石油公司、美国家广播公司、美国固特异轮胎公司等。1980年开始,美国产业界便一直在裁减人员,而且规模有扩大的趋势,裁员对象已由蓝领扩展到白领的重要职位。令人可怕的是,这股裁员大潮至今尚未过去。

对现代企业经营者来说,裁员可能是简单易行、能快速降低经营成本的捷径。一旦成本降低,利润也就会随之上升,从而带动股票上扬。这一简单的逻辑听起来似乎有理,而事实上不盲目裁员才是公司稳定和发展的最简单、有效的方法。

从裁员的效果来看,有愈来愈多的情况表明,想借助于裁减人员来重振雄风的公司,不但亏损未能得到制止和改善,而且竞争力也日趋削弱。根据1992年美国管理协会对1987年后进行裁员的500家公司所作的调查,其中有一半以上的企业所留下的职工士气涣散,2/3的公司未见效益有任何提高，1/2的公司利润未见增长；除了经营无起色外，投资人的信心也未增强，许多裁员公司的股票下跌就充分地反映了这一事实。

　　裁员对职工的心理与组织关系产生了不良影响。裁员后，无论被请走的或留下的职工，心里都不好受。被裁减的职工心理受到创伤，造成社会问题；被留下的职工不熟悉被裁职工的工作，因而工时延长，再加负担又重，在生理和心理的双重压力下，对公司产生埋怨情绪，以致工作马虎，责任心下降。许多研究证明，公司裁员之后，被留职工变得心胸狭窄，士气低落，不信任领导层，这种现象被称之为"幸存者综合症"。另一方面，过去只负责计划管理的经理甚至必须到生产第一线实地操作，影响了他本身的决策工作。

　　效率、产品质量没有保障。在裁员成功的公司与失败的公司之间，一个重大的区别就是成功者预见到裁员使"劳资"双方对立是必然的结果，因而事先提出了对策，而失败者则只是保持表面上的一团和气，一旦提出裁员问题，局面便立刻发生变化，难以收拾。至于职工的士气问题，其主要原因大多是缺乏思想沟通所致。比如在进行裁减职工之前，公司对计划秘而不宣，不知情的职工一旦接到被裁减的通知，心里自然会失去平衡。而那些被留下的幸存者，除了要适应公司的新措施之外，对新的工作一时也会手足无措，心情惶惑不安。这种把职工当成生产工具或成本的做法也会使他们感到心寒而不愿尽力工作，哪里还谈得上效率和产品质量的提高。

　　成本反而可能上升。另一个令裁减职工的公司大惑不解的是，他们原本很好的打算结果并不如愿，裁员后成本不仅没有下降，反而还会上升。究其原因，主要有三：第一是公司在决定裁减人员时，其经营情况已无力回天，裁减职工也只能苟延残喘一段时间；第二是大肆裁减了某些功能部门的职工后，还需花高薪聘请顾问来补救一些功能的丧失；第三，培训留下的职工去替补被裁人员时的工作，所花经费比原班人马更高。如果人手不够，只得雇用临时工，其费用不断上升，甚至成了经常性开支。例如一家公司裁掉一名每小时工资9美元的簿记员，事后却发现许多账目只有他最清楚，只好又将其以每小时42美元的高薪聘回，并委任以会计顾问，成为裁员中的"盲裁"的一个典型实例。

用人要遵循的简单原则

"人才是企业最重要的资本"，这是现代管理者的共识，而如何使用人才，使人才能以一当十、以十当百，则成为管理者不断思考的问题。

不同的企业有不同的用人标准与原则，但把它作为人类社会共同现象来看，有一些简单的基本原则是管理者所应遵循的。

（1）德才兼备

这是首先要考虑的一条原则，一个人光有才能是远远不够的，很难想像，一个道德败坏的人身居高位能带领企业走向成功。

三星集团是韩国最大的垄断财团之一，它在选人用人上有一套严格的把关制度。比如，在招聘笔试时特别设立了一套心理测试题，通过应试者的心态等来考察一个人的生活态度，折射出其心理品质。同时，它更偏重于面试，通过面试来考察一个人的品德与能力。面试中，测试品德方面占的比重很大，而且每次进行面试时，前任董事长都要亲临现场。

三星集团如此重视面试，目的是保证能录用到真正的优秀人才。

（2）将恰当的人才放在恰当的位置上

这个原则的基本思想是：人才的使用，必须根据人才自身的素质及能力，把他们放在与其能力要求相对应的岗位上及职位上，只有这样，才能充分发挥人才的作用。

人才的特长不同，水平也有高低之分，因而要量才而用。把有技术专长的人放到技术岗位上；把技术熟练但文化程度低的人放到生产一线；把应变能力强，有经商才能的人放到销售岗位上，使企业的全体人员都能人尽其能。当然，要做到量才而用，首先要做到知人。否则，就会造成"大材小用"，浪费人才；或"小材大用"，不堪重任。

把恰当的人放在最恰当的位置上，这是台塑集团的用人原则。新进入台塑集团的大学生，必须到工厂进行定期培训，他们被安排在艰苦的工作岗位上锻炼，经过一段时间的工作，各人的才能得到充分表现后，台塑集团再根据各人的具体能力，分配给他们最适合的工作。在工作中，若发现员工有不适合职位的，则予以迅速调迁，使其发挥所长。

正因为台塑企业有可行的量才而用、适才适用制度，才使它的人力资源得到了最大的利用，降低了人力成本。

（3）引入竞争机制

在用人中，如果大量使用近亲及平庸之人，会导致企业能者不能，挫伤人才的积极性、创造性，使企业缺乏活力。如果引入竞争机制，使人才不被埋没，走上适合自己的工作岗位，人尽其才，企业才有可能快速发展。

大宇集团是韩国大型企业集团。在创始期间，大宇公司起用的多是一些亲朋好友，这种用人方式在开始时的确促进了发展。随着大宇的发展及壮大，这种方式已不能满足要求，于是，它在用人上引入了竞争机制，在招聘上实行严格的筛选制度，要经过资格审查，笔试及二、三次面试才能最后确定。

同时，在对待老员工上，大宇也严格实行竞争制，每隔一段时间，要进行业务考核，成绩好的，才委以重任。大宇的这一套用人机制，不仅让它获得了大批有德、有才、有识之人，还让员工保持着饱满的积极性及热情。

（4）让人才合理流动

人不挪不活，企业在用人过程中要注意在一定程度上打破部门壁垒，有针对性、有计划地让人才作合理流动，让人才能在各方面学习，在更广阔的天地里发挥作用，同时，这也是一种培养全面人才的手段。如果人才不能合理流动，在小环境里，容易窒息人才，使企业丧失活力。

在明确公司用人原则之后，公司要通过对各种工作的具体分析，清楚认识各类工作之间的联系，按照公司所制定的各种工作特点及组织间内部联系，并按照企业所制定的各种工作规范要求来决定某项工作必须具备资格条件。

在这项工作中，最重要的是分析好各部门工作的特点，有针对性地提出要求，同时，要注意从最小成本原则出发，尽量控制不必要的细分而带来的人事浮肿。

以上是管理者用人要遵循的4个简单原则。管理者不妨以此制定一套有序的用人系统，相信会对你大有好处。

敢于、善于选用比自己能力强的人

一些管理者观念陈旧，宁用顺从听话的平庸之辈，也不用稍带棱角而比自己能力强的人，使得一些人才因无用武之地而远走高飞。不能选用比自己能力强的人很大程度上是因为嫉妒。

春秋战国时，有位著名的军事大师名叫鬼谷子。此人排兵布阵，调兵遣将，如有神助。他有两个得意的学生庞涓和孙膑。庞涓毕业后在魏国当了大将军。后来师弟孙膑投奔庞涓，庞涓发现师弟的能耐比自己还大，于是产生了妒忌心，怕师弟抢走他饭碗，不但不重用，反而设计害他，并暗使部下挖去其膝盖骨。后来孙膑设计逃到齐国，协助齐国大将军田忌打败魏兵杀了庞涓。庞涓因气量狭隘，没保住官还丢了小命且落下个千古笑柄。

"敢不敢用比自己强的人？"这恐怕是管理者在用人中对自己最大的考验，同样也是管理者最容易犯的错误。

"他都比我强了，那在其他员工眼里，是他管理我，还是我管理他？"某企业管理者直言不讳，一针见血，这种"武大郎开店——不允许伙计胜过老板"的心态一目了然。

（1）别人比他强就意味着自己不称职，不称职的管理者会在员工心中丧失威信，丧失了威信当然做不了管理者。

（2）员工中有人比自己强，那么肯定会对管理者的位置虎视眈眈，早晚想取而代之，又何苦养虎为患呢？

（3）有本事的人都多少有点野心，迟早要另立门户，我干吗给他营造个发展的机会，到时给自己找强敌呢？

（4）公司里，天老大，我就老二……

在这种心态支配下，管理者往往是希望别人拿放大镜来看他，而他自己却用显微镜来看别人。当比管理者强的员工工作取得各部门的赞许和支持时，管理者会觉得他们是在树立自己的威信而且是在动摇管理者的最高权力。于是乎，管理者会有意无意地疏远他们、压制他们，从而严重地挫伤这些员工的积极性。

这种武大郎型的心态说到底是一种弱者的心态，外表的强硬正透露出内心的虚弱，反映出自信心的极大缺乏。真正的强者，愿意接纳比自己有能力的部下。因为他有信心能控制局面，因为这样的管理者关心的并不是别人对自己是否顺从，他有能力赢得别人真正的尊敬，更因为他看重的是才能，也更关注企业发展的大计。

在用人的问题上，人尽其才是一种理想境界，它虽不是一蹴而就的事情，却是我们致力追求的目标。这就要求管理者在人才使用过程中摒弃杂念，真正做到靠素质和能力用人。广告大师奥格威说过一句著名的话：

"用人的最大失误就是没有任用比自己高明的人。"

为了诠释这一观点，奥格威在每个董事的椅子上放了一个洋娃娃，并请诸位董事打开看。大家依次打开洋娃娃后，发现里边还有一个洋娃娃，再打开里面又有一个更小的洋娃娃，当打开到最小的洋娃娃时，上面有一张奥格威写的字条："如果你永远聘用不如你的人，我们就会成为侏儒公司。反之，如果你永远聘用比你高明的人，我们就会成为顶天立地的巨人公司。"奥格威的这一用人理念可资借鉴。

不拘一格，大胆起用年轻人

如果说，创业之初需要忠心耿耿、同甘共苦，随着事业扩展，单凭这些便很不够了。这时候，十分需要年轻人的闯劲。

在这方面，李嘉诚的用人之道在香港被传为美谈。霍建宁、周年茂、洪小莲是年轻而有才能的人，他们如今已成为李嘉诚最得力的助手。

霍建宁是一个专业管理人才，是长实管理层的一个后起之秀，他毕业于香港大学，后赴美深造，1979 年回港后即到李嘉诚旗下。李嘉诚十分欣赏他，1985 年任命他为长实董事，两年后又升为董事副经理。

那时，霍建宁才 35 岁。传媒称他是一个"浑身充满赚钱细胞的人"。长实的重大投资安排、股票发行、银行贷款、债券兑换等，都是由霍建宁策划或参与抉择。这些项目，动辄涉及数十亿资金，亏与盈都在于最终决策。从李嘉诚如此器重他，则可知霍建宁是一个有非凡才能的人。霍建宁的年薪和董事袍金，以及非经常性收入如优惠股票等，年收入在 1000 万港元以上。人们说霍氏的点子"物有所值"，他是香港食脑族（靠智慧吃饭）中的大富翁。

李嘉诚还要霍建宁培育他的儿子李泽楷。从这里看出，李嘉诚十分重视年轻的专业管理人才，将之视为事业拓展的基石。李嘉诚在实践中证实霍建宁确实具备超常的经商才华后,能够不拘一格(年纪轻)委以大任。再者,让霍建宁得到与其付出相应的收益。

与霍建宁任同等高职的少壮派,有一位叫周年茂的青年才俊。

周年茂的父亲是长江的元勋周千和。周年茂还在读书时,李嘉诚就十分看重他,把他作为长实的骨干培养,送他去英国专修法律。周年茂回港即进长实,李嘉诚指定他为公司的发言人。

两年后的1983年,周年茂即被选为长实董事,1985年后与其父周千和一道被擢升为董事副总经理。周年茂任此要职的年龄比霍建宁还小,才30出头。

有人说周年茂一帆风顺,飞黄腾达,是得其父的荫庇——李嘉诚是个很念旧的主人,为感老臣子的犬马之劳,故而"爱屋及乌"。周年茂的"高升",不能说与李嘉诚的关照毫无关系。但最主要的,仍是周年茂的实力。据长实的职员说:"如果这样说,那真是太不了解我们老板了,即使是皇亲国戚,如果没有才能,他是一个也不会用的。年茂年纪小,可确实有本事呀!"

周年茂任副总经理,是顶移居加拿大的盛颂声的缺——负责长实系的地产发展。茶果岭丽港城、蓝田汇景花园、天水围的嘉湖花园等大型住宅屋村发展,都是周年茂具体策划落实的。周年茂肩负的责任比盛颂声还大。他不负众望,得到公司上下"雏凤清于老凤声"的好评。

长实参与政府官地的拍卖,原本由李嘉诚一手包揽。后来同行和记者常能见着的长实代表,是一张文质彬彬的年轻面孔——周年茂。周年茂外貌像书生,却有大将风范,临阵不乱。该竞该弃,都能较好地把握分寸,令李嘉诚感到放心。

长江的地产发展有周年茂,财务策划有霍建宁,楼宇销售则有女将洪小莲。在长江地产至长江实业的初期,这些工作全由李嘉诚亲手操纵,如今都被这几个年轻人红红火火地经管着。李嘉诚说年轻人是企业发展的中流砥柱。

洪小莲也很年轻，她全面负责楼宇销售时，还不到 40 岁。洪小莲在 60 年代末期长江上市时，就跟随李嘉诚任其秘书，后来又任长实董事。洪小莲是长实出名的"靓女"，人长得靓，风度好，待人热情，在地产界，在中环各公司，提起洪小莲，无人不晓。

长江总部虽不到 200 人，却是个超级商业帝国。每年为长江系工作与服务的人，数以万计。资产市值高峰期达 2000 多亿港元，业务往来跨越大半个地球。大小事务，千头万绪，往往都要到洪小莲这里汇总。跟洪小莲交往过的记者曾说："洪小莲是个有魄力且有才干的女强人。"

20 世纪 80 年代中期，长实管理层基本实现了新老交替，各部门负责人大都是 30 到 40 岁的少壮派。周年茂说："长实内部上下两代人的目标与管理是一致的，并无矛盾，而且协调得很好，现在长实的发展就是很好的证明。"

大胆任用年轻人，使长实锐意进取，富有活力。年轻人精力旺盛，工作效率高。像洪小莲，她的工作颇似长实的总理，不但事无巨细、千头万绪都到她这里汇总，而且她还是个彻底的务实派。面试一名信差、会议所需的饮料、境外客户下榻的酒店房间，她都要一竿子插到底。这样，没有旺盛的体力精力智力，没有日理万机的工作效率，是不可想象的。上了年纪的人就缺少了这些。

道理就是如此简单：年轻是一个人的资本，而有才能的年轻人则是一个企业发展的雄厚资本。保持企业活力和激情的简单法则是不拘一格大胆起用年轻人。

成功有效地用人

千人有千面，亦有千种性格，管理者用人时千万要因人而异，万不可一概而论。要实现这一目的也很简单，早在公元前七世纪齐桓公称霸的时候，宰相管仲就提出了用人的若干准则，现在选取几则比较简单且有现实意义的介绍给大家。

（1）妒忌心强的人不能委以大任

一般的人，难免都会妒忌别人，这也是一种正常的表现，因为有时候这种妒忌可以直接转化为前进的动力，所以不能说妒忌就一定是消极的。但是如果妒忌心太强了，就容易产生怨恨，觉得他人是自己前进的最大障碍，到了这种地步，往往就会作出一些过激的事情来，甚至于愤而谋叛也毫不为奇。

俗话说："宰相肚里能撑船。"妒忌心强的人气量太小，绝对不是一个好的领导者，因此不能委以重任。三国时的周瑜不能不说是一位帅才，可就是因为妒忌心太强而栽了跟头。

（2）目光远大的人可以共谋大事

所谓有抱负的人也就是目光相当长远的人。不同的人有不同的眼光，有些人比较急功近利，往往只顾眼前利益，这种人目光短浅，虽然会暂时表现得相当出色，但是却缺少一种对未来的把握和规划能力，做事只停留在现在的水平上。

如果领导者本身是目光远大的人，对自己的公司发展有一个明确的定位，并且需要助手，那么这种人倒是很好的选择，因为这类人最适合于被领导者指挥运用，以发挥他的长处。

而一个能共谋大事的合作者则往往能在某些重大问题上提出卓有成效的见地，这样的人是领导者的"宰相"和"谋士"，而不仅仅是助手，如果领导者能找到这样的人，那么对事业的发展无疑是如虎添翼。

（3）前瞻后顾的人能担重任

前瞻后顾的人往往思维比较缜密，能居安思危，能考虑到可能发生的各种情况和结果，而且很明白自己的所作所为；这种人往往也很有责任感，会自我反省，善于总结各种经验教训，他的工作一般是越做越好，因为他总能看到每一次工作中的不足，以便于日后改进。如此精益求精，成绩自然突出。虽然有时候这类人会表现得优柔寡断，但这正是一种负责任的表现，所以作为一个领导者，大可放心地把一些重任交给他。

（4）性格急躁的人最好远离

这种人往往受不了挫折，常常会因为一些细小的失败而暴跳如雷，自怨自艾。这样的人做事往往毫无计划，贸然采取行动，等到事情失败又怨天尤人，从不去想失败的原因，也很少能够成功。如果领导者遇到这样的人，那么就该远离他，以免受到他的牵累而后悔。

（5）偏激的人不要重用

过犹不及，太过偏激的人往往缺乏理智，容易冲动，也就容易把事情搞砸。这正如太偏食的人过于挑食，身体就不会健康一样，思想如果过于偏激，就不会成大事。他总是使事情走向某一个极端，等到受阻或失败，又走向另一个极端，这样永远也到达不了最佳状态。这正如理想和现实的关系，理想往往是瑰丽的，不断引发人们去追求，但是如果缺少对现实的依据，理想也只能是空中楼阁。相反，如果满脑子考虑的都是琐碎的现实，那么终会被淹没在现实的海洋里而不能自拔，最终陷入迷茫之中。所以，要把二者结合起来，才能取得最佳效果。

（6）一定要耐心期待大器晚成的人

有的人有些小聪明，往往能想出一些小点子把事情点缀得更完美，这类人看上去思维敏捷，反应灵敏，也的确讨人喜欢；但是也有另一些人，表面上看并不聪明，甚至有点傻的样子，却往往能大器晚成。

对于这类大智若愚的人，领导者一定要有足够的耐心和信心，决不能由于一时的无为而冷落他甚至遗弃他，因为这类人往往能预测未来，注重追求长远的利益。既然是长远的利益，也就不是一朝一夕所能达到的。信任他并给予重任，而不能让这类宝贵的人才流失。

（7）草率决定的人不牢靠

如果一个人总是不假思索就下决定，这至少表明他对这件事看得还不够深入。这种草率作风是极不牢靠的一种表现。如果让他来做一些重大的事情，那得到的也只能是一些失望的结果，所以这种人不可轻易相信他，否则上当的只能是自己。

除非有十足的把握，否则一般人对任何事不可能许下重诺，因为事情的发展往往不以人们的意志为转移，各种无法预料的情况随时都有可能出现，所以一个负责任的人并不一定会常常许诺。相反，正是由于他的责任心，使他作了全面而系统的考虑，他才不会轻易许诺，这样的人才是可靠的。不要因为他们没有承诺而不委以重任，只要给予充分的信任，调动他们的积极性，事情多半就会成功。

而相反有一类人，随口就答应，表现得很自信，到头来却不能完成使命。而且这种人也常常为自己轻易打下的保票找出各种理由来推诿塞责，对于这种轻诺又寡信的人，千万不可信任。

（8）拘泥于小节的人难成大事

做任何事情，有得必有失，利益上有大也有小，要想取得一定的利益，必然要舍弃一部分小利，如果一个人总是在一些小节上争争吵吵，不愿放弃的话，那也就终难成大业。

就如做广告，很明显的一个事实，公司越大则广告也做得越大，现在很多跨国集团所创的世界名牌，都是长年累月广告效应的成果。有的一年的广告费就高达几个亿，但是它们的利润却比这高出好多倍。某种意义上，这种小节不拘得越多，所能获得的回报也就越多，所以说拘泥于小节的人很难成就大事业。

（9）少言寡语的人往往更有价值

口若悬河、滔滔不绝的人未必就是能担当大任的人，而且这种人常常并没有什么真才实能。他们只能通过口头的表演来取信别人，抬高自己。

真正有能力的人，只讲一些必要的言语，而且一开口就常常切中问题的要害，这种人往往谨慎小心，没有草率的作风，观察问题也比较深入细致，客观全面，作出的决定也实际可靠，获得的成果也就实实在在。所谓"真人不露相，露相非真人"讲的就是这个道理。

所以，一个领导者应该注意一些少言寡语的人，因为他们的声音往往最有参考价值。切不可被一些天花乱坠的言语所迷惑，这也是一个成功的领导者所应该具有的鉴别力。

得强者方能得天下

要用比自己强的人企业才有发展的希望，这是再简单不过的道理。反之如果都用比自己差的人，企业的前景不用说也能想象得到。

中国汉朝刘邦和他的部下韩信，曾经有过这么一段对话：

"如果我亲自领兵，你认为能带多少士兵呢？"

"陛下最多只能率领 10 万大军。"

"那么，你能带多少兵呢？"

"我是愈多愈好。"

"那像你这样能干的人，又为什么要做我的部下呢？"

"因为陛下不是兵士的长官，而是将军的长官。"

从这段对话中，可以了解，在指挥军队和征战沙场方面，韩信的才能确是胜过刘邦。可是刘邦有办法运用韩信的才能。关于这一点，汉高祖曾对部下说："我的智谋诡计比不上张良，在行政管理上又不如萧何，指挥军队更不如韩信。得到这三位杰出的人才助阵，这是得天下的主要原因。"

汉高祖的话十分引人深思。如果单以才智来一较高低，那多的是比他杰出的人。但以他平凡的才能所建立的王朝，却能统治广大的中国达几百年之久，他能成功地创建许多丰功伟业的秘诀就是能知人善任。

刘邦和项羽争夺天下，而项羽也是一位英雄人物，无论才能和力量，都远在刘邦之上。可是项羽不善于用人，甚至连自己的军师范增都容不下，这是项羽失败的主因。

即使一个才智出众的人，也无法胜任所有的事情，所以惟有知人善任的领导者，才可完成超过自己能力的伟大事业。然而一般人最容易犯的错误，就是高估自己的能力，而不肯接受他人的忠告。领导者也应留意这点，只有当他发现部下的能力在某些方面高过自己时，这也表示他有成功的倾向。如果所用的人都是平凡庸俗、能力比自己差的人，要想成功就太难了。

菲亚特集团在1998年美国《财富》杂志评选的世界500强中排名第34位，1998年销售收入达510亿美元。意大利首屈一指的菲亚特汽车公司是菲亚特集团的一个组成部分，也是世界十大汽车公司之一。

谁也不会料到这家赫赫有名的公司，在1979年以前的10年里，竟是个面临倒闭的公司。它连年亏损，无法进行再投资，被迫将13％的股票卖给了对外银行。

面对这种困境，菲亚特集团老板艾格龙尼家族大胆起用强过他们的维托雷·吉德拉，任命他为汽车公司总经理，将公司全权交给他独立经营。吉德拉管理才华出众，平易近人，具有不屈不挠而又吃苦耐劳、脚踏实地的性格，老板正是看中他的这些优点而邀请他来任职的。

吉德拉上任后，果然出手不凡，大刀阔斧地进行了一系列行之有效的改革。在吉德拉的整治下，菲亚特汽车公司很快摆脱了困境，提高了劳动生产率，到1984年终于使汽车销售量达到了100多万辆，跃居欧洲第一。吉德拉本人也由于经营有方而闻名，被人们称之为欧洲汽车市场的"霸主"。

如果你的手下都是些精兵强将，那么想要得天下简单是易如反掌。而要做到这些也并不难，只要你做到以下几点，想要成功便很简单了。

（1）容人之长

敢用强过自己的人，要容人之长。不能容人之长的人是因为有"珠玉在侧，觉我形秽"的被"取而代之"的危险感觉。只需调整心态就可以了。某一企业家曾指出："用一个能力强的人，只会提高你自己的地位；条件好的人不但能增进整个部门的工作成效，更使你因为容人之长而声名大噪，何乐不为。"可见容人之长已为多数智能之士所共识。

（2）不对强者求全责备

优秀人才的可贵就在于有主见，有创见，不随波逐流，不看谁的眼色行事。人才的特征就是：创造力强，能为组织带来绩效，为领导开创局面，甚至其能力超过领导者。既是创新开拓就难免与传统、权威不一致，甚至也可能与领导者合不来。任何发明创造、改革进取都不能保证百分之百的成功，错误与失败在所难免，甚至失败多于成功。领导者用强于自己的人要有"大肚能容，容天下难容之事"的雅量，才能成就大业，成常人难成之举。

要做到敢于用比自己强的人，要克服求全责备的心态。求全责备，是指对人要求过严，容不得别人半点缺陷，见人一"短"，横加指责，不予任用。求全责备是用人之大忌，它压抑着人的工作积极性，阻碍人的成长，阻碍人的智能的充分发挥；它使人谨小慎微不思进取；阻碍人的创造性思维与创造性想象力的发挥；它使人缺乏活力，缺乏竞争能力和应变能力，造成人才特别是优秀人才的极大浪费；人才也是凡人，有其长也有其短。如获得1998年诺贝尔物理奖的华裔科学家崔琦竟不会使用电脑。如果用现代人必须掌握电脑技术和外文的标准来衡量，连"现代人"都算不上的崔琦怎么能获得世界影响最大的奖项呢？

（3）失败是成功之母

敢用强过自己的人，深谙失败是成功之母的道理。创造性活动，失败多于成功，但没有失败就没有成功。美国管理学家汤姆·彼德斯和南希·奥斯汀考察了从少数技术先进、实力雄厚的大公司到中小企业、金融业、服务业和传统手工业，从学校、军事单位到政府机关几十个组织发现，最优秀的组织都是能够容忍失败的组织。如花旗银行、通用电气公司、百事可乐公司，都大力主张"失败是正常现象"，甚至认为应奖励"合理错误"。

美国钢铁大王卡内基说过："你可以把我所有的工厂、设备、市场、资金全部夺去，但只要保留我的组织和人员，几年后，我将仍是钢铁大王。"

卡内基死后，人们在他的墓碑上刻着这样一段话："这里安葬着一个人，他最擅长的能力是，把那些强过自己的人，组织到为他服务的管理机构之中。"

卡内基的成功在于善用比自己强的人。在知识经济时代，领导者更需要有敢于和善于使用比自己强的人的胆量和能力。

知人善用，把人才放在合适的位置上

去过庙的人都知道，一进庙门，首先是弥勒佛，笑脸迎客，而在他的背面，则是黑口黑脸的韦陀。但相传在很久以前，他们并不在同一个庙里，而是分别掌管不同的庙。

弥勒佛热情快乐，所以来的人非常多，但他什么都不在乎，丢三拉四，没有好好地管理账务，所以依然入不敷出；而韦陀虽然管账是一把好手，但成天阴着个脸，太过严肃，搞得人越来越少，最后香火断绝。

佛祖在查香火的时候发现了这个问题，就将他们俩放在同一个庙里，由弥勒佛负责公关，笑迎八方客，于是香火大旺。而韦陀铁面无私，锱铢必较，则让他负责财务，严格把关。在两人的分工合作中，庙里呈现一派欣欣向荣的景象。

企业里，知人善用很简单，只要像佛祖安排韦陀和弥勒佛一样，把人才放在合适的位置上就行了。关键在于你怎么用。

德鲁克指出，作出有效的人员晋升与人员配备的政策有以下几个简单而又重要的步骤：

（1）搞清楚任命的核心问题

任命之前，起码要先搞清楚任命的原因和目标，其次才是物色适合人选的问题。

阿尔弗雷德·斯隆为了一个很低职位的任命——一个很小的附属部门的营销主管——要在三个素质相当的候选人之间作出挑选，而在挑选之前则要花很长的时间来考虑该项任命。

当面临着一项挑选一个新的地区营销主管的任务时，负责此工作的管理者，应首先弄清楚这项任命的核心：要录用并培训新的营销员，是因为现在的营销员都已接近退休年龄？还是因为公司虽在老行业干得不错，但一直还没有渗透到正在发展的新市场，因而打算开辟新的市场？或是因为大量的销售收入都来自多年如常的老产品，而现在要为公司的新产品打开一个市场？根据这些不同的任命目标，就需要不同类型的人。

德鲁克特别强调，职位应该是客观的，职位应根据任务而定，而不应因人而定。德鲁克指出，假如"因人设事"，组织中任何一个"职位"的变更，都会造成一连串的连锁反应。组织中的职位，都是互相关联的，牵一发而动全身。我们不能为了给某人安插某一个"职位"，而使整个组织的每一个人都受到牵连。因人设事的结果势必会造成大家都是"人不适职"的现象。

此外，德鲁克认为，只有这样，我们才能为组织选用所需的人选。也只有这样，我们才不能不容忍各种人的脾气和个性。只有容忍了这些差异，内部关系才能保持以"任务"为重心，而不是以"人"为重心。

（2）确定一定数目的候选人才

这里的关键是"一定数目"。正式的合格者是考虑对象中的极少数，如果没有一定数目的考虑对象，那选择的范围就小，确定适宜的人选难度就大。要作出有效的用人决策，管理者至少应着眼于3～5名合格的候选人。

（3）用人要用人的长处

如果一个管理者已经研究过任命，他就明白一个新的人员，最需要集中精力做什么。核心的问题不是"各个候选人能干什么？不能干什么？"而应是"每个人所拥有的长处是什么？这些长处是否适合于这项任命？"短处是一种局限，它当然可以将候选人排除出去。例如，某人干技术工作可能是一把好手，但任命所需的人选首先必须具有建立团队的能力，而这种能力正是他所缺乏的，那么，他就不是合适的人选。

德鲁克极为突出地分析了两种用人思维方法，一种是只问人的长处而用之；一种是注意人的短处，用人求全。前者能使组织取得绩效，后者却只会使组织弱化。

有效的管理者能使人发挥他的专长，他懂得用人不能以其弱点为基础。要想取得成果，就需用人之所长——他人之所长、上级之所长及自我之所长。每个人的长处，才是他们自己真正的机会。发挥人的长处，才是组织的惟一目的。须知任何人都必定有很多弱点，而弱点几乎是不可能改变的。但我们却可以设法使弱点不发生作用。管理者的任务，就在于运用每一个人的长处。有效的管理者择人任事和升迁，往往都以一个人能做些什么为基础，所以，他的用人决策在于如何发挥人的长处。

一个有效的管理者并非以寻找候选人的短处为出发点。你不可能将绩效建立于短处之上，而只能建立于候选人的长处之上。许多求贤若渴的管理者都知道，他们所需要的是胜任的能力。如果有了这种能力，组织总能够为他们提供其余的东西；若没有这种能力，即使提供其余的东西，也无济于事。

（4）倾听他人的看法

一位管理者的独自判断能力，与多人广泛商讨之后的判断能力是有差别的，因为我们每个人都会有第一印象，有偏见，有亲疏，有好恶，我们需要倾听他人的看法。在许多成功的企业里，这种广泛的讨论都作为选拔程序中一个正式的步骤。能干的管理者则非正式地从事这项工作。

（5）让所任命的人了解职位

被任命者在新的职位上工作了一段时间后，应将精力集中到职位的更高要求上。管理者有责任把他召来，对他说："你当地区营销主管——或别的什么职务——已有3个月了。为了使自己在新的职位上取得成功，你必须做些什么呢？好好考虑一下吧，一个礼拜或10天后再来见我，并将你的计划、打算以书面形式交给我。"并指出他可能已做错了什么。

如果你没有做这一步，就不要埋怨你的任命者成绩不佳，应该责怪你自己，因为你自己没尽到一个管理者应尽的责任。

举贤不避亲

在现代企业中，人们对"裙带关系"一直颇有微词，原因很简单，无非是因为这种举贤唯亲的方式极有可能把一个繁荣企业拖垮。但仔细分析一下却发现，国内外不少企业仍是由家族在经营管理，而且事业蒸蒸日上。如世界华人首富李嘉诚已将公司的经营大权交给了他的儿子李泽钜；亨利·福特从其祖父老福特手中接过福特汽车公司的大印；洛克菲勒家族历经四代企业仍在发展壮大。道理何在？很简单，他们"举才唯亲"不是因为他们是亲戚而是因为他们有能力。

台湾首富王永庆是最好的例子。他的胞弟王永在是台塑集团总经理，是仅次于王永庆的第二号人物。王永庆的长子王文详任台塑集团牵亚塑胶

第四事业部经理，王永在的长子王文渊任牵亚第三事业部的经理兼台塑美国 JM 塑胶管公司的总经理。

王永在与王永庆胼手胝足共同创业一向被台湾企业视为最佳搭配的"兄弟档"。台塑企业的严密而具有效率的管理模式，在台湾企业界常被引为研讨的教材，但是很少有人知道建立台塑总管理处的原始构想，其实是源自王永在。比起王永庆的"固执"性格，王永在处理事情的"圆融"技巧，正好可弥补王永庆的不足，也因此外界认为，两兄弟各有所长，"一个主外，一个主内"，无疑是最佳的搭配。

王永庆的儿子王文详所在的第四事业部年营业额高达70多亿元台币，一般公司几十家合起来营业额也没有这么大。可见王文详的地位多么重要，但他得到这个位置不是靠其父的恩赐。

王永庆深知"富不过三代"这一古训的深刻含义，因而对子女要求极严，他要求儿子凡事要靠自己，对零花钱限制得非常严格，以至于子女们只有自己想办法赚些零用钱，而子女们每花一个铜板都要记账并向王永庆汇报。

有朋友对王永庆说："你的儿子已经毕业了，可以帮你的忙了。"但王永庆认为："有些企业家只看见表面上公司赚到钱，而忽视每个员工贡献他们累积的宝贵经验。不顾多数员工每天的勤劳，起用刚由学校毕业的少爷当经理或总经理，这是我们常有所闻的。父子天性之爱是一回事，企业的经营是追求工作合理化，追求高效率，每个角落都要有适当的人选，即是适才适所。若是刚毕业，没有基层工作经验，就让他担任重任，不知他要如何指导监督他人，根据什么选人用人？部属凭何信服而乐于贡献？这种实际情形，充分表示这个企业家还在懵懂阶段，在摸索阶段，还不懂得管理。提拔儿子，抹杀人才，公司前途将完蛋，最后宝贝儿子也被误了。"

因而对子侄的前途他不是刻意去安排，而是要他们在实践中锻炼，看他们能磨练到什么程度，是否有能力担当重任。

王文详留学英国获物理硕士、企管硕士、化工博士学位。毕业后在美国路易斯安那州一家化学公司工作了3年，负责化工部门的投资分析等工作。在这里，他吸收了许多宝贵、务实的经验。1978年他协助王永庆在美国建厂。1980年5月回台湾，在南亚塑胶材口厂，从基层干起，担任该厂生产二课的课长。8个月后，升任主管组长，掌管三个课。半年后，升为材口厂厂长。1982年，他从南亚塑胶的生产单位调到营业单位，任第四营业部的副经理，负责发泡胶布等产品的销售。当时发泡胶布是新产品，销路不好，只有一条生产线，而且有亏损。王文详接手之后，以10个月的时间跑遍全省的经销商，大力宣传该产品的优点，结果销路大增，生产线增至三条，而且转亏为盈。由于他优异的表现，很自然地由副经理升任经理。

由此不难看出，企业家使用亲属掌管企业并非不可，也并不难，关键是他们是否胜任所担任的工作。

善用略有瑕疵的优秀人才

据说，有人曾经指着摆在一起的几十盆青松，要别人辨认，看哪些是真松，哪些是假松。这些青松形状、色泽一模一样，可是有人很快辨出真假。旁人问其原因，他说："这很简单，只要细看那枝叶，凡有小小虫眼的，定是真松。"这就叫无疵不真。辨物如此，识人也一样。"金无足赤，人无完人"，这是很简单的道理。管理者在识别人才时，就应该正视这种现实，不要用"完美"的观点看人，死死抓住一些小毛病不放，而要以善意的态度了解一个人的全部情况，分析一个人的所有特点，从中找出长处。

（1）正确对待"恃才傲物"者

现实生活中，我们经常听到有人议论："某人确实有才，但就是自命不凡。""某人恃才傲物。""恃才傲物"者,确实是管理工作中经常遇到的一种对象。管理者若处理不当,轻则落个心胸狭窄、不能容忍的印象;重则可能使人才遭到排挤,单位工作不能有声有色开展。那么,管理者应该怎样对待恃才傲物的下属呢?

所谓恃才傲物者,一般多是有才华、有主见、有棱角,但又不太好管理的人。英国著名政治家鲁艾姆说过:"受过教育的人容易领导,但不容易进行压制;容易管理,但也不能进行奴役。"这种人一般都有主见,善于钻研问题,不肯轻易放弃科学上有根据的东西,甚至有点"固执己见"。

这样就容易被认为"骄傲自大""恃才傲物"。这种人才通常有以下特点:

①爱提意见。古人说:千人之诺,不如一人之谔。其实这正是他们的可贵之处。

②常"将"领导的军。一些甘居外行的领导对此颇为反感。

③靠知识和能力工作,不搞阿谀奉承。他们认为自己在人格上与任何领导都是平等的,不爱拉关系、走后门、找后台、搞人身依附,尤其更以多数从事科学研究、学术研究的人才见长。

还有些人因为工作性质决定,联系群众较少,也易被人们称之为"孤芳自赏""清高自傲"。如果不加分析地一概视他们为"恃才傲物"之人,则是片面的。

知道了"恃才傲物"者的特点,要正确对待他们就变得简单多了:

①一是善于识别,辨才识才。什么是真正的"恃才傲物",什么是极端的"刚愎自负",什么是"真知灼见",什么是"固执己见",首先要划清"人才"与"非人才"的区别。一般来说,真正有才的人发表意见往往从实际出发,出以公心,敢负责任,敢于坚持正确意见;而盲目自高自大、目空一切者,则往往以个人名利为重,从主观愿望出发,顽固地坚持

错误主张。

②二是心胸开阔，大度容才。聪明的管理者要特别做到能容人，虚怀若谷，从善如流。其次还要懂得一个单位能不能容才、会不会用才，是这个单位事业发展兴旺不兴旺的标志。人才兴则事业兴，人才衰则事业衰。领导者要善于"以部下的光荣为自己的光荣，以部下的骄傲为骄傲，以部下的成功为自己的成功"。

③三是严格要求，锻"才"成长。作为人才，不可能是完人，特别是有些恃才傲物者，身上的缺点还相当明显。作为管理者，则要认真履行起职责，既要关心、爱护他们，又要严格要求他们。特别是对有性格缺陷的人，更要严格要求他们，帮助其尽快完善人格修养。

（2）要容忍下属的短处，"偏袒"下属的错误

管理者应该勇敢保护那些略有瑕疵的优秀人才，尤其要能容忍下属的短处，甚至"偏袒"下属的短处，其用意当然不是喜欢或者纵容下属的短处，而是另有所图。

在多数情况下，管理者图的是以下几方面的好处：其一，为了更好地发挥和利用下属的长处；其二，赢得人心，进一步密切上下级的关系；其三，极大地提高自己在群众中的声誉，有意将自己塑造成宽厚、豁达的管理者的新形象；其四，为了实现某个既定的管理目标。因此，在权衡利弊、决定取舍时，管理者必须本着"得"大于"失"的行为准则来行事，只有当容短护短这一行为本身不超过某条临界线时，采取容短护短的方法才是有价值的，可行的。

在不超越临界线的前提下，管理者在具体运用容短护短原则时，仍然面临着十分广阔的选择余地。这时候，作为一个精明的管理者，就应该充分利用手中执掌的选择权，灵活掌握容短护短的"度"，放手大胆地"袒护"自己的下属。例如：

①在可宽可严的情况下，只要下属认识较好，群众又能谅解，就应从

宽处置。

②在可早可晚的情况下，对于下属的过失，不妨拖一拖、搁一搁，待事后再做处理，或者给下属一个将功补过的机会，视其表现如何，再做处理。

③在可高可低的情况下，不妨将下属的缺点评估得低些，将下属的过失性质评估得轻些。充分利用用人行为伸缩度向人们提供的选择自由，作出"偏袒"下属的用人抉择。

④在可大可小的情况下，对于下属的短处或过失，不妨大事化小、小事化了，尽量缩小处理的规模以及处理后产生的影响面。总之，灵活掌握容短护短的"度"，是在合理的"选择圈"内进行的，它利用的是人们的认识"伸缩度"，而不是人们的"认识误差"和"行为误差"。在具体运用容短护短原则时，应该充分注意这一点，否则，就会步入误区，出现重大用人失误。

获取理想的容短护短效果，不仅需要严格掌握界线，灵活掌握选择度，而且还需要巧妙运用各种最有效的方法，恰到好处地将管理者的用意传递给下属。使下属既能明白管理者为什么要偏袒他，以此极大地激发起他的积极性和创造性；又能使下属在不感到难堪的情况下愿意接受管理者对他的偏袒，从而最大限度地保护下属的自尊心和自爱心。在这方面，领导者可供选择的行之有效的容短护短法有很多，其中比较简单易行的有以下几个：

①在下属偶犯过失，懊悔莫及，已经悄悄采取了补救措施时，未造成重大后果，性质也不甚严重，管理者就应该不予过问，以避免损伤下属的自尊。一件工作、一项任务完成以后，管理者要充分肯定下属为此付出的努力，把成绩讲足，客观分析他们的失误，把问题讲透。这样其工作得到承认，不足也得到指点，就会在以后的工作中扬长避短，提高自己。特别需要注意的是，对那些勤恳工作、超负荷运转和善于创新的下属要格

外爱护。在一般情况下，他们的失误可能多些，他们更需要关心和支持、理解。

②在即将交给下属一件事关全局的重要任务时，为了让下属放下包袱，轻装上阵，不要急于计较他过去的过失，可以采取暂不追究的方式，再给他一次将功补过的机会，甚至视具体情节的轻重，干脆减免对他的处分。

③护短之前，不必大肆声张；护短之后，也无须用语言来点破，更不需要主动找下属谈话，让下属感谢自己，惟有一切照旧，若无其事方能收到最佳效果。

④当下属在工作中犯了错误，受到大家责难，处于十分难堪的境地时，作为领导者，不应落井下石，更不要抓替罪羊，而应勇敢地站出来，实事求是地为下属辩护，主动分担责任。这样做不仅拯救了一个下属，而且将赢得更多下属的心。

⑤关键时刻护短一次，胜过平时护短百次。当下属处于即将提拔、晋级的前夕，往往会招致众多的挑剔、苛求和非议。这时候，作为一个正直的管理者，就应该站在公正的立场上，奋力挫败嫉贤妒能者压制冒尖的歪风邪气，勇敢保护那些略有瑕疵的优秀人才。

把每个人都当作"天才"来用

有一个大家熟知的简单道理即"尺有所短，寸有所长"，世界上没有完美的人，只要把他放在合适的位置上，每个人都有可能成为天才。所以用人的一个简单道理是把每个人都当作天才来用，比如有效的管理者会问："此人在某一方面是否确有长处？他的长处，是否确为某一项任务所需？此人如果担当此任务，是否确能表现得与众不同？"如果答案为"是"，那就毫不犹豫地起用此人。

有效的管理者，知道必须以某一特定的才能，才足以成大事。所以他们不会用十八般武艺样样都通的"万金油人士"，而只想用一位精通某一门武艺的普通人才。但对这一门武艺，他们却要求真正能干的人。

这就是说有效的管理者在用人时是着眼于机会，而不是着眼于问题。

更重要的，有效的管理者绝不会对一位得力的天才说："我少不了你，少了你我的事就办不成了。"我们一般所说"少不了某人"，其原因不外乎三点：一是某人其实并不行，不过是管理者从不苛求他而已；二是由于管理人本人的能力太差，而实际上是误用了某人的才干，在勉强支持他的生存；三是本来潜存着某项严重问题，由于误用某人的才干而将这一问题掩蔽住了。

在上述三种情形之下，所谓"少不了"的某人无论如何都该调离，而且要越快越好。否则，某人的才干再高，也将被糟蹋掉。

反过来说，对于一位没有突出表现的部属，尤其是一位没有突出表现的主管，应该不顾情面地将他调离，这是管理者的责任。如果让他留下来，必将影响全体人员，而且对于整个组织来说也是不公平的。对于其他的部属，则更加不公平。这是因为主管无能，就等同于剥削了部属发挥长处的机会。而且，对于无能的主管来说，也是一种"残忍"。他一定自知能力不够，不管他是否承认。结果他若不是饱受压力和痛苦的煎熬，就一定是默默祈求早日脱离苦海。

第二次世界大战时期，马歇尔将军也曾说过：一位将级主管如果没有特优表现，就必须马上调职。马歇尔认为如果不调离他，必将使其部下的官兵缺乏足够的战斗力。但是常有人说："主管调走，我们找不出继任人选了。"而马歇尔并不理会这类意见。他说："我们重视的，只是这位主管不能尽职，至于到何处去物色人选，那是另外一回事。"

20世纪30年代中期，马歇尔出任要职之前，美国陆军几乎没有堪负重任的年轻将官。第二次世界大战期间，经马歇尔提拔后升为将级军官的人选，在当时几乎都是没有名望的年轻军官。艾森豪威尔也是其中之一，当时他是少校，年龄30来岁。到了1942年，由于马歇尔的用人得当，美国出现了一批有史以来为数最多、才干最强的将领。经他提拔的将领，几乎无人失败，即使勉强算是二流人才的将领也只有很少几位。

马歇尔将军坚持的是原则。用人时他常问"此人能做些什么？"只要某人能做些什么，则其人的一切缺点都不重要。举例来说：马歇尔将军曾一再替巴顿辩护，说这一位有雄心而自负的战时将领，不应以他缺少做幕僚应有的气质、不能担任和平时期的军人而否认他能成为一名优秀的将军。其实，马歇尔本人倒真的是不喜欢巴顿那种少爷型的军人性格。

但马歇尔将军也并不是完全不顾一个人的弱点。在弱点可能影响这个人的长处发挥时，他就会考虑这个人的弱点了。但他所考虑的，是如何运用工作和职守来克服这个人的弱点。

例如，在艾森豪威尔年轻时，马歇尔将军就故意安置他从事战略策划工作，显然马歇尔知道艾森豪尔并不擅长战略策划。然而，艾森豪威尔虽没有因此成为战略家，但他从此体验了战略的重要性。正因为如此，不长于战略原是艾森豪威尔的弱点，却因那一段经历而使他更能发挥他的组织和统帅才能了。

管理者对部属的工作负有责任，也掌握了部属前途发展的权力。如何发挥部属长处，不仅仅是工作有效性的要件，也是管理者对部属的道义责任，是管理者对其职权和地位的责任。一味注意人之所短，不仅是愚不可及，更是有悖职守。主管在组织中该做的，就在于应使每一位部属的长处都能发挥。更重要的，这也是做人处事的道理：应该协助部属得到应有的发展。组织必须为每一位成员服务，使每一位成员都能凭其才干有一番成就，而不必顾虑他的缺点。

今天这项原则已显得越来越重要了，而且是决定成败的关键。以前，知识工作的职位为数很少，知识工作的就业范围也相对较窄。在一些地方，政府公务人员只有获有法律学位者才能担任，数学家根本无用场。再说，一位年轻人希望学有所用，往往只有三四条路可供选择。然而时至今天，知识工作的种类已大为扩展，知识分子可走的路也已大大增加。

今天，一个人完全可以找到适当的知识领域和工作项目来发挥他的能力。他不必像过去一样强迫自己迁就工作的需要。但是从另一方面来说，这现象也表示当今的青年人反而难于选择了。关于他自己和关于他的机会，他都没有足够的资料加以了解。

在此情况之下，个人更应该得到适当的指导，以发挥他的长处；组织中的各级主管也更需要唯才是举，并致力于发挥他们的长处。

总之，唯才是用，事关管理者本身工作的高效性，事关组织的有效性，更事关在今天的知识爆炸时代个人和社会的有效性。

多样化的人才与后备人才的储备

对于一个企业来说，主力队员很强大，但"板凳队员"（替补队员）不够"深"（能力不够），一旦主力队员受伤或遇上"多线作战"疲劳时，踢不过一支弱队也就没什么大惊小怪的了。我们通常把这些后备人才称之为企业里的"板凳队员"。

麦当劳，一个家喻户晓的名字，它的服务水平、服务质量让每一个人都佩服得五体投地，它的商业广告涉足到每一个角落，甚至聘用刚刚学会说话的儿童来做——"一切美好，尽在麦当劳"。

麦当劳作为一种时尚也好，一种文化享受也好，它的服务水平、服务标准、服务速度，都体现了高超的组织和管理水平，其所运行的一套有效的人事制度功不可没。

多样化的人才结构是麦当劳普通员工的一大特点，也是麦当劳公司招聘工作中的指导思想之一。正因为如此，麦当劳的职工不同于其他公司。按理说，毕业于饮食服务大学的职工应该占大多数，然而实际上只占30％，40％的职工毕业于商学院，其他的则来自在校学生、工程师、教师等。同时，麦当劳公司拥有一支庞大的年轻队伍作为后备军，它主要由大学生组成，他们一边上学，一边利用空闲时间到餐馆打工。这些后备人才将有机会成为麦当劳公司未来的总裁、经理，他们可以根据麦当劳安排的培训计划担任各种职务，并且有可能是担任当地麦当劳经理助理。

多样化的人才组合与庞大的后备力量使人才的培养和提升有极大的选择性，他们一起成为麦当劳管理阶层的稳固基石，不断构造新鲜血液，注入公司中去，为公司赢得更多的利润。

那么，怎样才能建立多样化的人才培养和组合呢？当前的劳动力结构在技术与经济发展过程中明显具有多样化的趋势，这是因为经济全球化使当代劳动力结构和劳资关系发生了巨大变化，日益多样化的劳动力结构有利于加速企业创新。因此，管理者在企业内部建立了或正在建立富有弹性的人性化劳动力管理政策与体系。这些政策与管理体系包括弹性的工作时间与排班计划，灵活的财务报销与福利计划，设立符合人才能力的工种和相应的工作环境，给予个人充分发挥潜能的职业机会。

麦当劳在很早就有一套专门用于后备人员的晋升制度。一般人才在麦当劳公司工作6个月的时间以后都会成为麦当劳公司的雇员，一个刚参加工作的出色的年轻人，可以在18个月内当上麦当劳公司的经理，可以在24个月内成为监督管理员。而且，晋升对每个人是公平合理的，既不作特殊规定，也不设典型职业模式，每个人主宰自己的命运。适应快、能力强的人能够迅速掌握各阶段的技术，从而更快地得到晋升。这个制度可以避免滥竽充数，因为每个级别都要经常性地培训，只有获得一定量的必要知识，才能顺利通过此阶段考试。因此，那种公平的竞争、优越的机会吸引着大量有文凭的人才到此施展自己的才华，实现理想。

麦当劳晋升制度的过程是这样的：

首先，必须当 4～6 个月的实习助理。在此期间，以一个普通班组成员的身份投入到公司各个基层工作岗位。在这些一线工作岗位上，从事助理的工作，学会保持清洁和最佳业务的方法，并依靠自己最直接的实践来积累良好的管理经验，为以后的管理作准备。

第二，4～6 个月后在每天规定的一段时间内负责餐饮工作。与做实习助理不同的是，还要承担一部分管理工作，如计划、排班、统计等来展示管理才华。

第三，8～14 个月以后成为一级助理，即经理的护卫队。与此同时肩负着更多的责任，并且在餐饮管理的各方面要独当一面，管理经验才能日臻完善。

第四，从此以后，会有一个欢乐的"度假期"，飞往美国芝加哥汉堡大学进修 15 天，此时可以与全球管理经理畅所欲言、各抒己见、谈笑风生。因为那里是国际培训中心，是理论与实践相结合最完美的地方。当然，如果很留恋这美丽的地方，可别忘了向麦当劳总公司请求，它一定会安排你每年至少一次去美国芝加哥学习。也有可能，很多人讨厌这种循环往复的机械学习，可是麦当劳总公司并不这样认为，"不想当将军的士兵，不是好士兵"。这种最简单的学习，是提高服务水平、服务质量的基础，只有熟练才能生巧。

克里曼·斯通曾经说过："全世界所有员工最大的福利就是培训。"

要使人才培训后不流失，关键要把培训与员工个人的职业生涯发展相结合。麦当劳的这种人事制度不仅有助于工作人员管理水平的提高，而且可以提高员工的自觉性、积极性、能动性、创造性和企业归属感，来增加企业的产出效益和组织凝聚力，并为企业的长期战略发展培养后备力量。从而使企业长期持续受益，吸引大量有才华的年轻人加盟。

这种人事制度不仅吸收了一般工作人员参与，而且为麦当劳高层管理人才提供了广阔的发展空间，为企业的长期战略发展培养了后备力量，从而使企业长期持续受益。

在麦当劳取得成功的人,都有一个共同的特点:从零开始,脚踏实地,实事求是。炸土豆条、做汉堡包,是最简单的也是使自己走向成功的必经之路,这对于那些在校的大学生来说是不是大材小用呢?用麦当劳总裁的话说:最伟大的人来自最平凡的工作。他们必须懂得:脚踏实地、实事求是、从零做起,是在这一行业中成功的必要条件,如果没有尝试,没有实践,那你又如何以管理者的身份对你的员工进行监督和指导呢?这是管理者最起码的工作。

麦当劳以一流的服务、一流的质量赢得顾客的信赖,以与众不同的人事制度、管理模式,招揽世界各国英才,也培养大批的管理人才,使它的"板凳球员"更有了"深度"。

成功和有效的员工培训和培养计划,不仅提高了企业员工素质,丰富了员工的职业技能,而且满足了员工自我实现的需要,从而增强了企业凝聚力,是企业多样化人才战略的强有力武器。不论是多么优秀的员工,企业都负有进行培训和培养的任务。培训和培养不仅仅局限在新员工的岗前培训,主要的重点应当是企业员工的岗位再培训。这不仅能提高员工完成本职工作的技能和知识,同时通过对员工其他技能的培训,对员工潜能进一步开拓,也为企业的后续发展打下了基础,储备了能量。

● 第 04 章 ●

不懂得授权就无法走上管理的快车道

放手让下属自己去干

每个人的精力是有限的，我们不可能一个人做好所有的事情。因此，作为一个企业领导必须学会把权力授予适当的人。授权的真正手段是要能够给人以责任、赋予权力，并要保证有一个良好的报告反馈系统。美国前总统里根是一个很出名的"放任主义者"，他只关注最重要的事情，将其他的事情交给手下得力的人去负责，由此，自己可以经常去打球、度假，但并不妨碍他成为美国历史上最伟大的总统之一。

人才是成就一番事业的关键，无论到什么时候，人才都是立业之本，这道理知易而行难。有了人，善用人，企业就会有一切；没有人，不善用人，企业就会失去一切。关键在于领导者怎样用人，怎样看待这个问题，总而言之就是在信任的基础上，放手让下属自己去干。

在很大程度上，领导的科学性在于用人的科学性，领导的艺术就是用人的艺术。在用人用智方面，能够用人之脑的，能够合成众人之智的，才算是最高明的领导者。睿智的领导者本身并不需要十项全能，但必须学会如何整合众人的智能以为己用。

但现实中，也有一些单位的领导干劲十足，精力充沛，处事明快，每天忙得不亦乐乎，他们总是大事小事一把抓，事必躬亲，即使让下属自己做一些小事，也不放心，处处过问。这只能说明领导者对下属极度的不信任，不敢放手让下属自己做事。这样的话，不仅窒息了下属的活力，自己也孤掌难鸣，不会有好的企业业绩。

把一些重要的事情交给下属去做，体现他们的能力和重要性，这一举动恰恰表现出你对下属的信任，其他任何的方式，都不如这种领导方式来得直接、有效。并且领导者也能有精力和时间去处理更重要的事，何乐而不为呢？

与下属推心置腹，千万不能只把这句话放在口头上，而是要放到行动中。要把这句话牢记于心，并时时处处体现在行动之中，这才是一个领导者难得的英明之举。否则，口头上对下属如何信任，而实际上却对他们百般猜疑，那样只能是"搬起石头砸自己的脚"。

作为一个有责任心的领导，用人一定要有一贯性，即使在下属出现失误时，也要敢于用人不疑，放手让他们自己去干。

有的领导者在下属出错时，表面一套，背后一套，明着去同情你、帮助你，表现出他如何的仁义、大度，暗地里却怀疑你、出卖你。这种领导虽能欺骗一时，但最终必会被下属识破，露出他卑鄙的嘴脸。朋友之间相处，讲究"患难朋友才是真正的朋友"。领导与下属之间相处，一个重要的原则也是这样，赞美下属的忠诚，在他处于逆境时特别要敢于信任他，把援助之手伸向他。只有这样，才能体现出领导者的高明之处。

作为一名领导者，应将部下放到最能发挥作用的岗位上去施展才干，以实现岗位所需和人才所长的最佳结合。同时，对一些从事某项工作有难度的员工，要多进行鼓励，使其在新的挑战和压力下，重新认识自己、调整自己和发挥自己，不断给他们搭建一个能真正发挥自己潜能，表现自己才干的新"舞台"，为他们创造一个想拼搏的环境与空间，让全体下属从思想到行动能时时感悟到有干头，从而焕发更大的工作热情。

最成功的领导者是那些把工作放手让下属去做的人，是把下属培养为领导者的人，是使领导者成为变革者的人。

不懂得授权就不是合格的管理者

与亲力亲为相对应，高明的管理者能够通过向下属授权实施有效的管理。但是，授权是一个牵一动百的系统问题，丝毫的轻率和盲动都可能造成一系列的麻烦。为此，管理者要围绕授权做好周密的思想和组织准备。

（1）授权应考虑的问题

授权所涉及的远远不只是包括向集体成员下达任务，授权事实上包括四个方面，完全正式的授权应把下列所有这四方面包括在内：

①意义。意义指的是工作目的与价值，其估价要和个人的理想及标准联系起来。当工作要求与个人信念相符合时，这项工作便变得有意义了。对一个给芭比洋娃娃设计服饰配件的人来说，如果他认为这份工作和他的价值观相符，也就是说这个工作能给成千上万名儿童带来幸福和欢乐，他就会觉得这份工作很有意义。而对另一位做同样工作的人来说，这份工作或许毫无意义。原因是它和他的信念相悖，他认为芭比洋娃娃的样子使得女性美貌一成不变，这是非常有害的。一个人在做有意义的工作时才有可能有被授权的感觉。

②胜任。胜任指的是个人相信他有能力出色完成某项特殊任务。有胜任感的员工相信在特定情况下，他们有能力满足某项工作要求。胜任感同样会让人产生被授权的感觉。

③自我决策。这是指个人觉得自己有权组织各类工作活动，尤其是当员工感到他或她能够自由选择解决某个特殊问题的最佳方法时，自我决策就变得更为高级了。自我决策同样涉及诸如工作地点和场所的选择之类的问题，一位被高度授权的员工或许会决定一改成规，不在办公室完成一项特定工作。

④影响。这指的是员工能左右工作最终结果的程度，比如公司的运作方式或其提供的产品及服务。在公司业务进程中，员工并非只是服从，在任何方面都插不上手，而是应有发言权，针对公司的未来前景发表自己的见解。

（2）授权应注意的问题

授权时，要挑选那些接受过培训、掌握技能、有天赋和动机的人。尽管这一原则很重要，许多主张授权的人仍认为每位员工都有被授权的天赋和渴望。只注重渴望而忽视天赋的授权会造成不良后果。难道你愿意让一个有高度热情，技术上却笨手笨脚的人来组装你的急刹车装置吗？

第04章
不懂得授权就无法走上管理的快车道

在授权时经常出现过高估计员工工作能力的现象，认为只要集体合作就无须专业人员的任何指导，领导者或许会授权一组有高涨热情的员工来自行解决一个棘手的问题，而不去请教一名受过高等教育、有高级技能的专业人员。因而，解决问题的最佳方式是请一名专家以内部顾问的身份加入被授权集体之中。

①不要忽视专业技能。被授权集体应配备适当的职业专家，发生在汽车制造公司的实例便充分证明了这一点。克里斯勒小型运货车新生产线中挡风玻璃上的刮水器有65%存在瑕疵——少数的刮水器不能完全刮过挡风玻璃。因为这小小的毛病使得克里斯勒无法将这批小型运货车装船发运。这是根本让人难以接受的，员工们所面临的挑战就是如何将其解决。但没人能找出其弊病所在。所有的原件都符合规格，零件的组装完全正确，工程师们也找不出设计上的任何差错。为找出所存在的问题，公司成立了一个联合调查小组，被授权全面发挥作用。组员包括一名生产总监，一名质量检测员，一名质量分析专家和两名工程师。在研究调查数月之后，小组成员无意中发现汽车驱动杆上的锯齿边带动了刮水器边。于是，一位工程师就设计了一个计量器用来测量曲柄的转度，使这一问题得以解决，全部的小型运货车才得以发运。如果小组成员中没有工程师，那么问题能否解决可能还是个问号。正确的观点是被授权的集体应包含适当的专业技术人员——而这一真谛虽说显而易见，却常被忽视。

②选择适当的人授权。如果你想要你的授权集体高效多产，其成员必须要经过精挑细选。最富成功经验的公司往往在授权时仔细审查被授权成员，被选中的员工应具备以下素质：有职业道德，善于灵活机智地完成任务，有自我开创能力，有集体合作精神及敏锐的头脑，还有上文强调的一条：一定要懂技术。

总的来说，挑选的人要比同级员工高出一筹，能力和动机是授权成功的关键因素。

确保被授权人掌握适当的技术,许多重大错误都是由于决策者只有权力而无技术所造成的。

从员工过去的工作表现中搜寻证据来证明他是否有冒险精神和创造性思维。

证明他能把握自己。例如,他需具备在完成长期项目的过程中坚持不懈,表现出毫不气馁的精神。被授权人必须严格要求自己,因为他们的权限非常小。

确保他在完成任务过程中足够自信,独立实施某项决定需要自信心(当然,你也许会辩解说被授权能增强人的自信心,但至少你应在他过去表现中找出自信)。

尤其要注意的是一定要确保候选人能坦诚认真、一如既往地保持原有的良好品行,如若不然,他就会趁机利用手中的权力来命令他人做一些不该做的事,这将会给企业带来灾难。

(3) 授权的基本构成要素

授权行为一般由三种基本要素构成,称为授权的三要件:工作指派、权力授予和责任创造。

①工作指派。工作指派在授权过程中,向来最受主管经理们的强调。不过,许多管理者和主管经理们在进行工作指派时常常存在两方面的错误:其一,他们往往只让下属获悉工作性质和工作范围,而未能让下属明确他所要求的工作绩效,这一点实在是主管在授权过程中的一大败笔。因为如果下属对主管所期待的工作绩效不甚了解,他们的努力在客观上就缺乏一个目标。这同时给主管授权后的管理带来困难,因为主管无法依据事先确立的绩效标准对下属实施考核,奖优罚劣,这是一笔管理损失。其二,主管有时会把必须由自己分内完成的工作也指派给下属,他们未曾意识到,并非主管分内的所有工作均能授权于下属来完成的。比如,目标的确立、政策的研究与拟定、员工的考核与奖罚等,这是主管工作的"命脉",不可谋求假手他人。

②权力授予。在指派工作的同时，管理者应对下属授予履行工作所需要的权力。这就是"授权"两个字的由来。"权力授予"与"工作指派"之间应是怎样的关系，权力授予的合理区域应该是多少，这是实施授权的主管最为关心的问题。主管所授予的权力应以刚好能够完成指派的工作为限度，这体现了权力授予的原则，即以完成工作为最终目的。客观上，完成工作任务所需要的权力——这些权力用来调动完成工作所需的人、财、物、信息等组织资源——构成了权力授予的合理限度。

在权力授予中最主要的问题，也是授权管理的难点之一，即权力授予的适度问题。如果授予的权力不足以支持工作任务完成的权力需要，则指派的工作难以完成，授权因而丧失其意义；然而，如果授予权力过度，超过了执行工作任务实际的需要，则势必导致下属滥用权力，带来太大的负面作用，同样会导致授权失败。

③责任创造。责任创造的含义在于，主管在进行工作指派和权力授予之后，仍然对下属所履行的工作绩效负有全部责任。这即是管理上所谓的"授权不授责"原理。这意味着，当下属真的无法做妥指派的工作时，主管将要承担其后果，因为下属之缺陷将被视同上司之缺陷。许多主管在这里犯的错误是当他发现下属无法做妥指派的工作时，均试图将责任推卸到下属身上，他们以为责任随同权力一同下移了。而事实上却恰恰相反，权力在管理中有向下分散的趋向，而责任却有向上集中的趋向。

责任创造的第一层含义是对主管而言，第二层则是针对下属的。即为了确保指派的工作能顺利完成，主管在授权的同时，必须为承受权力的下属创造完成工作的责任，在主管和受权下属之间建立起一种连带责任关系。下属若无法圆满地执行任务，则身为授权者的主管可以唯他是问。这当然并不妨碍主管承担对任务的最终责任，尤其是当这件任务涉及本公司、本部门之外时，更是如此。

总之，授权是对权力的下放，并在这种下放中使权力最大限度地发挥作用。授权是一门艺术，需要管理者细心揣摩和研究，以避免在授权的各个环节出现不应有的纰漏。

谁的"猴子"谁来背

管理者一旦患上了事必躬亲、亲力亲为的"职业病"，就会被"琐碎的多数"纠缠得无暇顾及"重要的少数"。聪明的管理者要让员工明确自己的角色和任务，"谁的'猴子'谁来背"，他们要做的只是千方百计提高下属们的工作效率，必要时辅之以检查。

为了避免工作混乱和低效率，加强员工之间、部门之间的合作与协调，管理者必须让每一个下属明确自己的任务与角色。为此，企业领导需注意以下3点。

（1）告知下属工作的流程

企业为了发展其事业，当然要雇用员工来工作，绝对不会支付薪水给不工作的人。因此，企业领导者自然有义务培育能够适应本企业岗位需要的职员。

为了促使下属完成工作，企业领导者必须教授整个工作的流程。

①企业的组织情况，该下属在组织中处于何种地位。

②让下属详细了解采购、制造、库存、销售、收款，以及计划、实施、控制的工作流程。

③让下属了解利润是在哪一个阶段产生、消化，以及转化的过程。

（2）明确下属的角色

在企业中，由员工单打独斗的情况已经过去。除了规模相当小的公司外，全体员工团结一致乃是势在必行的主流。

下属也是企业的一员，在平常的工作中，领导者必须经常灌输唇亡齿寒的道理。领导者对下属的培育，目的在于促使下属充分自觉进入自己的角色，大力发挥其创造力与工作热忱。

因此，在平常的工作中，领导者应该不厌其烦地告知下属自身的立场、地位、角色和任务，尤其是在交付工作时，更应具体、明确。如果下属不能认清自己所扮演的角色、所担负的任务，就无法产生责任感，只会频频发生怠慢、疏忽错误、越权、不平不满等行为。

让下属了解自己的角色与任务，不应只限于口头说明，如果利用组织图（事、金钱、工作），则更具效果。

企业的业绩是全体成员齐心努力合作的成果，每一个人如果都站在自己的岗位上，全力以赴完成所肩负的任务，必然会获得最好的效果。

（3）告知下属应做的工作

对于经验不足的下属，如果让其分析过于复杂的内容，或同时说明若干事例，则会造成混乱。管理者在对下属布置其任务时，经常会说："你应该做的事就是这些。"

所谓"就是这些"是指：

①交付的工作。

②给予适当的工作条件。

③获得预期或更好的效果。

如果有一点含糊不清，下属就自然无法掌握办事准则，结果必然不佳。

企业的领导者如果完全不予说明，只是下命令式地交代工作，不但无法获得下属的合作，在培育下属方面亦会有负面的影响。

检查员工工作的技巧

有布置而无检查，是管理者失职的表现。虽有检查，但不得其法，缺乏这方面的管理艺术，也收不到好的效果。根据许多成功经验，要做好检查工作，管理者可从以下几个方面去努力。

（1）不要为检查而检查

检查下属的工作，主要是看下属是否准确迅速、积极主动、卓有成效地完成应该完成的各项任务，这是检查工作的主要目的和内容。但检查工作不是一件单一的、孤立的事情，它也是收集信息、考察培养管理者、推进工作、提高自身领导素质的重要渠道。

既然检查工作这件事有着如此丰富的内涵和重要的意义，它也就理所当然地成为领导者的一个重要职能，就应当把它放到应有的突出位置上，下大力气抓好。如果能意识到这一点，就不会为检查而检查，或把检查工作看得过于简单。在行动上，就不会粗枝大叶，草率从事，而是自觉地把上述要求作为努力实现的目标，坚持标准，从严要求，达到高质量、高效益。

（2）事先要有准备

检查工作是一件严肃而细致的事情，如果毫无准备，心中无数，就不要行动，而应准备好了再说。所谓准备，就是对所要检查的工作，在总体上有一个基本的了解，对倾向性问题也要心中有底，以便更有针对性地进行检查。

不然，下去之后，就容易出现一问三不知，说错话，出歪主意的现象。同时，对检查的重点在哪里、哪个是关键部位、何处是薄弱环节，也要基本掌握，不然就会收效甚少。对于一些大规模的、复杂的检查项目，事先要有一个较详尽的计划，人力如何配备、时间如何安排、达到什么要求、采取哪些方法步骤，都应事先讨论明确，然后按照要求分工，各负其责。

（3）检查要有标准

检查工作如果没有标准，就会无章可循。一般来说，要以原来制定的目标和计划为标准，但是又不能把这个标准看死了。它既是确定的，又是不确定的。所谓确定的，是说必须拿目标、计划作为尺度来衡量实际工作情况，非此便谈不上检查工作。所谓不确定的，就是不能削足适履，硬要客观事实符合主观认识。

为此，检查可以分为两步：第一步是以既定目标和计划为标准，衡量工作进展情况及绩效；第二步是以实践结果为标准，分析其与原定目标的差距，找出得失、成败的原因，拟定纠正的措施。

（4）搞好三个结合

①跟踪检查和阶段检查相结合。跟踪检查是指伴随着计划的贯彻执行，紧跟着对实施情况的检查，以便及时地发现偏差，随时解决；而阶段检查则是指决策实施告一段落时，对这一阶段的结果进行检查，总结经验教训，以便再战。这两种检查不可偏废。如果只抓阶段检查，没有跟踪检查，那么执行计划过程中就容易形成放任自流，失去控制。等到过程告一段落，再来纠正偏差，往往成为亡羊补牢，损失过大。反之，只抓跟踪检查，没有阶段检查，就不能看到比较完整的面貌，也无法进行比较系统的分析。因此，企业领导必须把二者有机地结合起来。

②由上而下检查和由下而上检查相结合。决策目标、计划方案是由企业领导者决定的，对于它的目的、意义，以至各个环节、措施，领导者知道得最清楚。执行计划的活动，则是在基层进行的。对于执行计划在什么地方发生故障，以及产生故障的原因，基层员工了解得最深刻。因此，检查总结工作，必须自上而下和自下而上结合起来。这样可以调动上下两方面的积极性，有利于沟通从上到下的信息输出渠道和自下而上的信息反馈渠道，达到信息的双向交流。同时，也有利于企业领导者集思广益。

③专门班子与领导者相结合。在现代化大生产条件下，没有一个领导者可以对错综复杂的情况洞察一切，即使是有才干的企业领导者，也无法靠自己来检查一切工作、掌握一切信息。所以在检查工作中，应当充分发挥反馈系统、监督系统等职能机构的作用，或者组成临时性的专门班子，

吸收这种职能机构的专家参与工作。然而，企业领导亲身参加检查也是绝对必要的。因为检查总结是领导者的一项职能，不亲身参加，就难以对贯彻执行决策的情况有深切了解和亲身感受，当然也就不能充分发挥检查工作的作用，对于再决策也会产生不利影响。

（5）既当先生，又当学生

从上级检查下属工作这一角度讲，领导者是先生，负有检查、督促、宣传、解释、表扬、批评、指导、帮助的责任；从向实践学习、向员工学习的角度讲，领导者又是学生，要虚怀若谷，眼睛向下，不熟悉的事情要认真了解，不懂的东西要不耻下问，虚心向一切内行的人请教。

（6）要敢于表扬和批评，但要注意方法

领导者在检查工作时，必然要对下属的工作作出评价，或表扬或批评，目的是更好地调动下属的积极性，激励他们做好工作。为此，首先，要坚持原则，敢于讲话，是非要清楚，功过要分明。正确的坚决支持，错误的坚决纠正，好的要表扬，坏的要批评，不能含糊敷衍，模棱两可；其次，要掌握分寸，不能过头。表扬要实事求是，留有余地；批评要诚实中肯，恰如其分，严而不厉，同时不抹杀下属作出的努力和成绩。只有这样，才能使其心服口服，便于今后工作的改进。

（7）防止主观性、片面性和表面性

凡是不从实际出发看问题，而是戴着有色眼镜看问题，先入为主，自以为是，就是主观性。片面性就是不能全面、客观地看问题，只知其一，不知其二，只见树木，不见森林。所谓表面性，就是走马观花、蜻蜓点水，知其然不求其所以然。这些都是检查工作的大忌，一定要注意防止和克服。

领导者下去之后，不要带框子、抱成见，而要一切尊重客观事实，具体问题具体分析；好话坏话都要听，缺点成绩都要看；要扎扎实实，了解真情况，获取真知识，不要作风浮漂、浅尝辄止等等。

（8）要在解决问题上下功夫

只看病不治病，只调查不解决，是中国企业的一些领导检查工作时常犯的毛病。为什么要检查工作？说到底，就是要发现问题，解决问题，把事业推向前进。当然，与发现问题比起来，解决问题是要费力气的，企业领导者就是要知难而上。凡是当时能解决的，就要立即解决；当时不能解决的，也要本着为企业负责的精神，创造条件，抓紧做工作，争取尽快解决。

给下属授权要讲究策略和技巧

管理者面对的是一个个有思想的人，授权时不分对象、不看情势会造成管理者对权力的失控。为此，授权必须讲究策略和技巧，在对权力的一收一放之间找到运用权力的正确节奏。

（1）不充分授权

不充分授权是指管理者向其部属分派职责同时赋予其部分权限。根据所给部属权限的程度大小，不充分授权又可以分为几种具体情况：让部属了解情况后，由管理者作最后的决定；让部属提出所有可能的行动方案，由管理者最后抉择；让部属拟订出详细的行动计划，由管理者审批；让部属采取行动前报告管理者，采取行动后将行动的后果也要报告管理者。不充分授权的形式比较常见，这种授权比较灵活，可因人、因事而异采取不同的具体方式，但它要求上下级之间必须确定所采取的具体授权方式。

（2）要会弹性授权

这是综合使用充分授权和不充分授权两种形式而成的一种混合的授权方式。它一般是根据工作的内容将部属履行职责的过程划分为若干个阶段，在不同的阶段采取不同的授权方式。这反映了一种动态授权的过程。这种授权形式，有较强的适应性。当工作条件、内容等发生了变化，管理者可及时调整授权方式以利于工作的顺利进行。但使用这一方式，要求上下级双方要及时协调，加强联系。

（3）掌握制约授权

这种授权形式是指管理者将职责和权力同时指派和委任给不同的几个部属，以形成部属之间相互制约地履行他们的职责，如会计制度上的相互牵制原则，这种授权形式只适用于那些性质重要、容易出现疏漏的工作。如果过多地采取制约授权，则会抑制下属的积极性，不利于提高管理工作的效率。

（4）力戒授权的程序错乱

一个企业即便人员不多，老板应了解全体员工的全盘行动，授权也不能万事皆休，否则，授权的结果只会带来负效应。在实际工作中，有效的授权往往要依下列程序进行。

①认真选择授权对象。如前所述，选择授权对象主要包括两个方面的内容，一是选择可以授予或转移出去的那一部分权力；二是选择可以接受这些权力的人员。选准授权对象是进行有效授权的基础。

②获得准确的反馈。一个管理者授权之后，只有获得该部属对授权的准确反馈，才能证实其授权是明确的，并易被部属理解和接受。这种准确的反馈，往往以部属对领导授权进行必要复述的形式表现出来。

③放手让下属行使权力。既然老板已把权力授予或转移给其部属了，就不应过多地干预，更不能横加指责。而应该放开手脚，让部属大胆地去行使这些权力。

④追踪检查。这是实现有效授权的重要环节。要通过必要的追踪检查，随时掌握部属行使职权的情况，并给予必要的指导，以避免或尽量减少工作中的某些失误。

掌握以上授权的原则方法和程序，你的领导能力因此更进一步。应该讲，一位管理者要想使权力生效，必须要靠有效授权来完成，否则就是霸权,而霸权只会导致孤立。

在对下属的支持中把授权落在实处

有企业工作经验的人不缺乏这样的工作体会,上司安排任务时总是再三强调:"放手去干,我绝对信得过你。"但在工作过程中却又一百个不放心。也许上司确实授给了你一些权力,但当这点权力得不到上司的有力支持时,工作照样难以展开。

假如有这样一个问题,当你的下属和你的客户——你的客户是经销商——之间产生冲突,你会支持谁?不管干什么,只要与人打交道,"冲突"就会时常发生,"冲突"双方,当然是各有其道理。许多管理者面对这样的"冲突",总是习惯上训斥自己的下属,向客户赔不是。其实,如果出现这样的情况,管理者应该站在下属这边。在这个"把客户奉为上帝"的世界里,这样的答案似乎很离奇。但管理者应该深信一点,下属员工才是公司最重要的客户,缺乏对员工的信任或者支持,他们失去的将是对组织的信任和工作的快乐,这种不信任和不快乐,将百分百地传递给公司的无数个客户,最终导致的是绩效低下。

许多管理者都在抱怨下属不是那个能"把信带给加西亚的人",抱怨员工懒惰并对公司充满着不满。但是,回想一下,哪位员工是带着不满的情绪进入公司的?你想想他们当年加入公司时那种踌躇满志的样子,那种双眼都会放光的憧憬。你想过没有,使他们变得充满冷漠与怨恨的正是管理者自己。

杰出的管理者一定会深信沟通的重要性并加以身体力行。信息通畅是一个好的管理者的重要标记,有些管理者不太喜欢沟通,有些事情也不愿意透明,觉得神秘管理更好。其实,所谓的"神秘管理"是一种愚民政策,它除了能得到漫天飞的小道消息和日渐低落的士气外,什么也得不到。靠"神秘"不能伪装权威，也伪装不了管理者的低能。

俗话说"庶民用暗器"，大多数下属对付这些管理者的做法是"在职退休"。这种做法是相互的戕害，一方面，企业没有为员工提供必要的培训，使得员工失去了未来人力市场的价值和对未来的信心；另一方面，企业损失很多人力资源，企业最大的成本就是没有经过培训的员工。

正如美国钢铁大王与慈善家安德鲁·卡内基所说的那样："一个组织拥有的唯一不可替代的资产就是它的员工所具备的知识与能力。"人力资本的生产效率取决于员工能否有效地将自己的能力与雇用他的组织分享。

管理者在跟进中实现对权力的有效监控

在《韩非子》里曾记载过这样一个故事：鲁国有个人叫阳虎，他经常说，"君主如果圣明，当臣子的就会尽心效忠，不敢有二心；君主若是昏庸，臣子就敷衍应酬，甚至心怀鬼胎，表面上很恭敬，但暗中欺君而谋私利。"阳虎这番话触怒了鲁王，因此被驱逐出了鲁国。他跑到齐国，齐王对他不感兴趣，他又逃到赵国。赵王十分赏识他的才能，拜他为相。近臣向赵王劝谏说："听说阳虎私心颇重，怎能用这种人料理朝政？"赵王答道："阳虎或许会寻机谋私，但我会小心监视，防止他这样做。只要我拥有不致被臣子篡权的力量，他岂能得遂所愿？"赵王在一定程度上控制着阳虎，使他不敢逾越；阳虎则在相位上施展自己的抱负和才能，终使赵国威震四方，称霸诸侯。

在企业的经营管理过程中，领导者既要分权，又要控制。要做到"有限分权，无限控制"。权力的分配应该像金字塔，只有做到相互牵制，相互支撑，才能达到相互平衡、和谐。

对于一个企业的领导者而言，授权是最有效的领导手段之一。将自己所拥有的一部分权力授给下属去行使，使下属在一定制约机制下放手工作，不但可以充分调动员工的积极性，加速员工的成长，而且还可以使领导者得以从琐事中脱身，集中精力于更重要的事务。因此，授权是当代企业领导者必须掌握的一门艺术。

之所以说授权是一门艺术，是因为它有很多技巧，掌握好了"度"，权力授予适当，监控得力，就会取得好的效果；若失去了"度"，授权不合适，监控不得力，就会导致恶果。因此，授权必须与监控结合起来使用。

世界上任何的自由都必须和相应的制度捆绑在一起，无序的自由就是一盘散沙，而且这种自由毫无保障，随时都可能被剥夺。

同样的道理，对于领导们而言，无论下属的工作做得多么出色，无论他们有多少值得完全信任的细节，也不应该完全撒手。

领导在授权的同时必须要有监督，否则就有可能失控。权力失控会导致工作失控，结果失控。

放权是必要的，但是放权不等于弃权，放权的同时必须要建立起配套的监控机制。监控是对领导所授权力的根本保障，是关系到企业兴衰存亡的必要措施。在分析一些公司失败的案例时，我们发现很多公司并非没有明确而具体的目标，也并非缺乏具有卓越才能的人才，但它们最终却陷入了失败的境地。为什么呢？并非这些企业自己所归纳的原因——市场环境突然变化使得公司的处境十分被动——而是犯了最平凡同时又是最不该犯的错误：公司所制订的计划并没有得到彻底的执行，而公司的最高层却认为已经落实了。

当吉姆·基尔特斯加盟吉列公司时，几位高层经理说公司已经对那些不必要的产品包装进行削减了。但实际情况却是到基尔特斯上任时，吉列的SKU（公司不同类型的产品包装的行业术语）的数量已高达24000种。大部分的产品包装甚至从来没有用于销售，只是堆在仓库里。在一年前公司确实花了数百万美元聘请专家削减产品包装，但事实上一种也没有减少。

造成这种结果的原因正是高层领导者对已经授权的工作不闻不问，更未进行及时的跟踪。领导者的任务不只是制订计划，还应该对计划进行跟踪，及时发现问题并在第一时间予以解决。

一家家畜饲料制造厂为公司制订了扩展市场的计划，他们打算生产一种蛋白质含量更加丰富的饲料，为公司打开奶牛场的大门——一直以来他们只对饲料进行简单的加工，这种饲料根本无法满足奶牛场的要求——他们在饲料中添加适量的尿素，尿素可以帮助家畜将饲料转化成蛋白质。但这样做又有一定的风险，因为黄豆中一种被称做 Urease 的酵素会与尿素发生反应形成氨，而氨又会导致动物腹胀，甚至死亡。为了控制饲料中的 Urease 含量，饲料必须经过严格的烘热处理，并且化验室每天都必须对 Urease 的含量进行检验。

经过不断的调试和检验，饲料中的 Urease 含量终于符合了安全标准，这家饲料制造厂终于生产出了符合要求的高蛋白质饲料。在广告和公关等各方面措施的支持下，公司的市场拓展开展得有声有色，已与几家养牛场建立了较为稳固的供货关系，另外还有更大的几家畜牧场有与之合作的意向。

就在一切进展都十分顺利的情况下，不幸的事情却突然发生了。有一天，化验室的例行检验结果显示，Urease 的含量严重超标。公司总裁吉姆在第一时间得知了这一消息——他要求化验室一旦发现 Urease 含量超标必须第一时间通知自己。吉姆果断地作出指示，在过去 48 小时生产的所有饲料禁止运出公司，以维护公司的信誉和用户的安全。随后他马上开展了调查，最后终于找到了原因，一名新来的维修工人在换装蒸汽管线的一个零件时关掉了蒸汽机之后又忘了打开，使得对饲料进行烘热处理时温度降低，进而导致 Urease 含量超标。

吉姆全程跟踪并亲自处理了这一突发事件。正是由于吉姆的参与，不安全的饲料才没有被运出工厂，安全隐患才得以在最短的时间内找到并被排除，公司的损失才被控制在最小范围内，公司的形象才得以保全，公司的开拓市场计划才能继续被执行下去。

领导者的及时跟进是相当重要的。在跟进的过程中，不但可以协助和支持下属顺利完成任务，而且还能监督下属，避免其偏离正确的方向。

企业领导者应该对下属进行跟踪，及时发现问题，及时决策，及时提供支持。当然，领导者尤其是高层领导者都有许多工作要做，一忙起来可能就把对计划进行跟踪这件事忘到脑后了。所以，为了保证领导者能及时跟踪，应建立一个跟进计划，以保证工作的顺利进行。

跟进计划的内容应包括以下几项：目标是什么？什么人负责这件事？什么时候、通过什么方式、使用何种资源完成任务，等等。

跟进计划的内容是固定的，但形式却可以灵活多变，尤其是高层领导者因为要从整体上把握工作，所以更需采用简单有效又灵活多变的办法。

罗兰·贝格是一家大咨询公司的创始人和总裁。就像所有的大公司的领导者一样，罗兰·贝格每天需要与各方面的人打交道，处理各种各样的事务，可谓日理万机。但同大多数高层领导者不同的是，他从不会忘记哪怕一件小事，在一项计划进行到规定完成的最后期限，有关的负责人总会接到罗兰·贝格打来的询问事情进展情况的电话。是罗兰·贝格记忆力超过常人吗？非也。他有自己的跟进方法。他每天都接触大量的各色各样的人物，处理各种各样的事物。为避免遗忘本应自己去做的事，他随身带了一个小录音机，每一件需要自己去做的事他都会用录音机记下来，再由秘书打印后发放给相关人员。他通常每天会发出40～50个给不同人的"内部备忘"。这当然是在完成一个领导者的首要任务：布置工作和作出某些决定。但这仅仅是事情的开始。每一份内部备忘都会被写上一个时间，到了这个时间秘书就会把这个内部备忘重新放在罗兰·贝格的案头。所以，没有任何一个人能够侥幸让他忘记一件他关心过的事情,他总能在合适的时间向负责某项执行工作的人员询问事情的进展。

信任固然好,监控更重要。及时适度地跟进计划并非不信任某人的表现,相反这只能表明你重视某件事情,所以适度的跟进并不会损害员工的工作积极性。当然跟进计划一定要注意两点:一是及时,只有在第一时间发现阻碍工作进行的障碍,才能尽快排除障碍,确保工作的顺利进行;二要注意适度,领导者需要的是跟进计划,而不是去具体执行计划,领导者需要做的是鼓励员工把执行工作落到实处,而不是越权指导,更不是直接插手去落实,否则只会把事情弄得更糟。所以,领导者应掌握跟进的艺术,既保证战略规划得到不折不扣的执行,又不损伤员工的积极性,只有这样才能取得好的效果。

让员工集责权于一身,独立处理问题

授权已是路人皆知的管理原则了,但是为什么有的授权能调动起员工的积极性,而有的授权却达不到预期的效果。这是为什么?

原因很简单,因为一些管理者在授权时不懂得责权统一的原则。授予下属一定的权力,必须使其负担相应的责任。有责无权就不可能有效地开展工作;反之,有权无责会导致不负责任地滥用权力。授予权力后,管理者应充分信任员工,放手让他们在职权范围内独立地处理问题,使他们有职有权,创造性地做好工作。

麦当劳的总裁克罗克是一个自由思想者,他不仅从不阻碍年轻员工的发展,而且还对年轻员工采取启发、咨询和要求的办法,从不独断独裁。他说:"我喜欢授权,而且一向尊敬那些能想到我想不到的好主意的人。"虽然有些主意他也采取禁止的态度,但大部分情况下,他鼓励年轻的员工提出不同的意见,并热衷于将新主意付诸实践。他说:"如果有人出了新主意，我会让他实验一阵子。有的时候，我会做错事；有的时候，他们会做错事，但是我们可以一起成长。"麦当劳的每一位员工都有自己的发展空间，麦当劳给他们充分的授权，让他们有机会证明自己的能力，但也要求他们承担相应的责任。在分权管理的制度下，麦当劳的管理者表现出对工作很高的热诚和合作精神。麦当劳给那些一直想找机会表现，却一直未能出头的人，提供从零开始的机会。桑那本就是这样的一个例证。

桑那本与克罗克是两个性格完全不同的人。克罗克外向、可亲、坦诚，而桑那本却内向、冷漠、深沉。在工作上，桑那本感兴趣的是财务数字上的问题，而克罗克对此一窍不通。但桑那本在理财上确有独到之处，他首先提出麦当劳应进入房地产业，这对于快餐业而言是具有冒险性的，但克罗克却同意让他放手去做。因为克罗克认为，桑那本可能会犯错，但可以在错误中成长。可喜的是桑那本取得了成功，并使麦当劳股票在纽约证券交易所上市，自己也被提升为麦当劳的财务总经理。

克罗克重用桑那本，足以证明麦当劳能够给予经理们充分的授权，让他们发挥所长。而马丁诺由于善于处理人际关系和发现人才而成为公司的董事；特纳因创造出一套成为快餐工业楷模的营运制度而成为麦当劳的新任总裁；史恩勤设计建筑、设备、标志，日后也成为业界的标准；康利则善于招募加盟者，替麦当劳奠定了壮大的基础，他们都成为麦当劳的高级管理人员。这些麦当劳的成功者都是在麦当劳宽松的管理空间中，找到了发挥自己才能的沃土，并充分证明了麦当劳授权制度的优点。麦当劳授予管理者们非常大的权力和责任，鼓励他们发挥所长，使他们在自由与责任之间取得平衡，并且使不同类型人的创造力朝同一方向同步发展。

授权是每一位管理的职责，授权也有成有败，麦当劳责权统一的授权原则是值得每一位管理者学习借鉴的。

让副职成为"权力大使"

授权给副职应该是最简单的授权方法。因为副职在管理人的工作活动中有着重要的作用,因此领导者别一味把自己当成是龙头老大,是"一把手",要做适当的让权,让副职发挥好作用。

要发挥副职的作用并不难,重点做好以下几点:

(1)应正确认识副职在领导者管理活动中的地位和作用,充分地尊重副职。副职是正职的助手,是协助正职考虑全盘工作而又要负责某一方面或几个方面具体工作实施的人,起着不可缺少的作用。

(2)合理放权,明确分工。领导者要使副职有职、有权、有责、有威,使其感到自己手中的权力不是假的,不是虚的,位子不是多余的,从而提高其内在的主动性和积极性。

(3)要经常和副职就工作问题进行通气、商量,多征求意见。在研究决定某项工作时,尽量尊重分管该项工作的副职的意见,同时,也要在感情上注意交流、沟通,关心副职的生活状况。

(4)对副职拍板定的问题,只要无大的原则性差错,一般不要去指点或变更,即使需要修正,也要先与副职通气,然后由副职自己去宣布。

(5)要注意在下属面前树立副职的威信,支持肯定副职的工作。副职工作上发生失误,要予以谅解和安慰,并挺身承担责任,以促进副职成长。

(6)对能力较强,各方面均较突出,下属反映好的副职,领导者一要不嫉妒、压制和排挤;二要创造更宽松的环境,使其发挥才能;三要及时向上级推荐,任用到更合适的位置上施展才干。

更具体、更简单来讲,领导者让副职发挥作用的考察方法有:

(1)他是否了解你的个人目标或志向,以及怎样为公司的总目标而努力？

（2）你能够离开办公室三四个星期之久，而你的公事和私事他都能够圆满、迅速地处理吗？

（3）他是否能帮助安排约会时间，用不着你催促和烦神？他是不是一个很会安排自己时间的人？

（4）如果你不提醒，他能否主动执行和坚持完成你交给的工作？

（5）他对待你的同事、来访者或顾客是否有礼貌？是否肯帮助你，能否尊重别人？

（6）他是一个富有想象力和创造力的人吗？他是否能提出些主意供你参考？

（7）他能否提高文件周转的效率？

（8）他能否主动解决一些问题而不来麻烦你？

（9）他作为一个助手，基本技能（文件归档，速记学）是否无可指责？

（10）在紧张状态时或你发脾气时，他是否沉着冷静，仍像以前那样继续工作？

（11）他是否对你完全信赖和忠诚？你能把一切机密的公事和私事委托给他吗？

（12）他的阅读面和知识面是否广泛？他是否使你注意到那些有关的出版物和文章？

（13）他是否能为你收集到一些有价值的信息，这些信息是你自己很难获得、不便获得或不可获得的吗？

（14）他能否以书面或口头方式清晰简要地向你汇报情况？能否清楚而正确地传达你的指示和说明你的意图？

（15）他是否不计较时间地将每天的工作做完？必要时能否在夜里和周末加班？

（16）他能否替你处理每日的例行公事而不要你的干预？

（17）他能否为你记住一些重要日期，安排一些对你的上级、家庭和顾客的庆祝活动（如纪念日、生日、节假日）？

（18）他能为你做些基本调研工作吗？如调查报告、搜集资料，甚至起草初稿等？

第 05 章

把控权力：该放就放，该收就收

管理者不能凡事都亲力亲为

管理者最大的资本是什么？当然是权力，有了权力，管理者才能实施有效的管理。但是，有不少管理者并不善于恰当地运用手中的权力，什么事都不放心，都要亲自过问。在这种对权力的严控中，管理者成了最忙最累的人，而整个管理局面却又迟迟难以打开。

美国著名的管理顾问比尔·翁肯（Bill Oncken）曾提出过一个十分有趣的理论——"背上的猴子"。在这一理论中，"猴子"就是指组织中各成员的职责。对于任何一个组织来说，每个成员都有自己的职责，当他们加入组织以后，管理者就按照下属的职责，分配给他们不同的"猴子"。组织成员的工作就是完成自己的职责，也就是喂养自己的"猴子"。

在"猴子理论"中，企业的成功，归根结底取决于"猴子"的健康。显然，如果组织成员能够出色地完成自己的职责，他所喂养的"猴子"就是健康的；但若他无法胜任自己的工作，不能履行自己的职责，他所照料的"猴子"就会生病。"猴子"生病无疑会影响组织的整体竞争力。而要想使"猴子"健康起来，关键在于协助员工完成自己的职责，提高其工作能力，或者将其调离，让能够胜任的人来承担这一职责。

然而很多管理者却在这一问题上栽了跟头。他们一看到有"猴子"生病了，就迫不及待地把它接过来，亲自喂养。他们认为这样可以使"猴子"尽快康复，殊不知这种做法却会使更多的"猴子"变得脆弱不堪。

替下属"背猴子"的做法从眼前来看，似乎使解决问题的速度加快了；但若从长远的角度来看，管理者直接接管下属的工作，会阻碍下属的成长，剥夺下属独立解决问题的权力，长此以往，下属就会丧失解决问题的能力，就会变成事事处处"听命令、等指示、靠请示"的"应声虫"，失去主动性和独立性。

对于管理者来说，替下属"背猴子"的行为也会将自己推入一个领导怪圈——当管理者接收了某一部属看养的"猴子"时，其他部属或为推卸责任，或图自己轻闲，也会主动将本该自己看养的"猴子"推给领导。这样，用不了多久，管理者就会陷入堆积如山、永远处理不完的琐事中不能自拔，甚至没有时间照顾自己的"猴子"——实施计划、组织、协调和控制的职能。

对于一个管理者来说，替下属"背猴子"的做法是不可取的。管理者亲力亲为是造成组织工作效率低下的最主要原因。不仅如此，管理者的亲力亲为还会打击下属的工作热情，甚至造成人才流失。古人说："自为则不能任贤，不能任贤则群贤皆散。"用今天的话说就是，如果管理者事必躬亲，就是对下属工作的不信任，不信任导致不肯放权，凡事都亲自出马，而不肯放权又会进一步加重下属的不信任感，感觉自己的价值不被承认，最终导致人才流失。过于能"干"的领导，往往会导致有才能的下属流失，剩下的是一群不愿使用大脑的庸才，这样的团队的战斗力可想而知。

诸葛亮是个很好的谋臣，但却不是一个好的管理者，他"事必躬亲，呕心沥血"，为蜀国之事业奋斗终生，但却没有培养出一个能够独当一面的领导团队，以致在他死后"蜀中无大将"，从而使得国家倾覆。

翁肯的"猴子管理"法则的提出，目的在于提醒管理者，高效的领导就是在适当的时间，由适当的人选，用正确的方法，做正确的事。一个高明的管理者习惯于教下属如何捕鱼，而不是送他一条鱼了事。因为他们知道剥夺他人的主控权，去喂养他人的"猴子"，并不能从根本上帮他们解决问题，真正能够帮助他们的是耐心地教给他们方法并容忍他们在成长中的错误。

第二次世界大战时，有人问一位将军："什么人适合当头儿？"将军回答说："聪明而懒惰的人。"管理者的主要工作是什么呢？不是替下属"背猴子"，而是杰出的管理大师们口中的"Find the right way, find the right person to do"，找到正确的方法，找到正确的人去实施。

只有不替下属"背猴子"，你才能不被"琐碎的多数的问题"所纠缠，而有充足的时间去思考和处理"重要的少数问题"。一个成功的管理者不是整天忙得团团转的人，而是悠然自得地掌控一切的人。

不论是何种层级的管理者，一旦患上了亲力亲为的"职业病"，组织就危在旦夕了。首先管理者本人会被"琐碎的多数"纠缠得无暇顾及"重要的少数"，从而使组织失控；而每一个组织成员都会被卷入"忙的忙死，闲的闲得想辞职"的旋涡中，从而失去战斗力。更可怕的是，亲力亲为的职业病还可能使管理者忘掉"让专业的人去做专业的事"的基本管理原则，从而导致领导的彻底失败。总之，管理者越想通过亲力亲为做好事情，就越会使事情变得一团糟；越想眉毛胡子一把抓，就越是什么都难做好，越难提升整个组织的绩效。

身为管理者，如果能让员工独立去抚养他们自己的"猴子"，员工就能真正地处理好自己的工作。这样管理者就会有足够的时间去做规划、协调、创新等重要的工作，从而使整个组织保持良好的运作。

亲力亲为在某种程度上是一种无能的表现，同时也是对权力资源的极大浪费，为聪明的管理者所不愿为、不屑为的。

揽大权，散小权

如何分配好手中的权力，是古往今来任何领导者都无法回避的问题。今天的管理者分配权力过程中的首要问题，并不在于究竟是多分一点好，还是多留一点好，而是要首先搞清楚具体应该分什么权力，留什么权力。关于这个问题，宜用"大权独揽，小权分散"的原则来加以解决。

哪些是"大权"？哪些是"小权"？对这个问题，不同管理者在实际

第05章
把控权力：该放就放，该收就收

工作中往往认识不一致，而且掌握起来也不容易。有的人可能把"大权"当成了"小权"，走上放任的道路；有的人则可能把"小权"也看成"大权"，走上了专权的道路。

划分"大权"和"小权"是一个相对的过程，主要是相对于管理者所处的位置而言。划定大权和小权的时候，首先要把权力囊括的范围确定下来才行。组织中的管理者，其大权和小权的划分差距是很大的。

从涉及的范围来考虑，关系全局的权力，当然就是大权，仅仅关系某一个局部的权力，一般不能说是大权。

从权限的角度来考虑，下级不能解决的问题，必须由上级来解决，这应该是大权。如果下级自己能够解决，或者下级自己解决更好，一般都不能算是大权。

从权力的性质来考虑，一般一个组织的权力有三个层次，一个层次是决策权，一个层次是运行权，一个层次是执行权。

所谓大权实际上主要是指决策权，还有就是运行中的关键问题的把关性权力，具有"不可替代性"。人们常说，领导要把握方向，把握大局。这样的权力是要独揽的，而其他的权力则要分散。什么权都抓，往往什么权都抓不住。决策权应该是一个组织最高领导机构和最高领导人的权力，这是大权。

运行权是这个组织中层机构或中层领导的权力，其中带有垄断性的，可能是大权，但大部分照章办事的正常运行的权力，对最高领导者来说是小权。执行权是基层干部或人员的权力，对中层领导来说，关键性的操作可能是大权，但一般的日常操作则是小权，对最高领导者来说，这些当然更是小权了。

对一个组织的发展而言，最重要的是决策。所以管理者一定要抓住、用好大权，不要忙于琐碎事务，而忘记自己最重要的决策任务。

集权和分权还有一层重要意义，就是管理者能够正确处理领导团队内各个成员之间的权力分配问题。

在集权与放权上，管理者的问题有三种：

第一种是有本事，但不放手。这样的人虽然集权过多，但总还是可以干一些事情的。

第二种是自己没有本事，但比较放手。这样的领导者虽然放权过多，但由于发挥下级和副手的积极性，也还是能干一些事情的。

第三种是自己没本事，但对他人还不放手。这样的领导者最糟糕了，因为他干不了活，还不让别人干活。

因此，作为管理者，你需要冷静地思考自己的权力结构配置问题。

什么是领导的权力？就是别的成员不便行使、不好行使、不能行使的权力。简而言之，领导者要努力做别人不能做的事情，尽量不做别人可以做、能够做、应该做的事情。

如果领导者不努力去做自己应该做的事情，那么团队就会散下来，因为没有人去统筹全局；如果领导者尽做别人应该做、可以做的事情，这个团队也会散下来，因为其他成员会觉得无事可做而消极起来。

另外，"大权独揽，小权分散"也是一个管理者的工作方法和作风问题。在这层意义上来说，集权和放权是主要管理者如何发挥副手和下级的积极性问题。集权而不专权，放权而不放任，才是最好的选择。

大度升职，让员工都能分享权力

下放权力，其方法多种多样，而大度升职是其中最有吸引力也是最有效的方法之一。每一个员工，几乎都有升职的愿望，这无疑是激发他们奋进的源动力。大度升职，其效果不仅达到了权力与责任的分散，同时还能极大地激发员工的进取心和创造力。

劳勃·盖尔文，1964年继承父业，担任蒙多罗娜公司的董事长兼最高主管。他掌管公司以后,"将权力与责任分散",以维持员工的进取心。蒙多罗娜公司从而竞争能力大增,业务突飞猛进:1967年增加到15亿美元,1977年又增加到近20亿美元。

盖尔文之所以"将权力与责任分散",主要是由于深深感到有维持员工进取心的需要。

盖尔文说:"公司愈大,员工愈渴望分享到公司的权力。在比较大一点的公司,每一个人显然都希望能感觉到自己就是老板。因此,我们现在所做的,正是要把整个公司分成很多独立作战的团队,因为只有这样,才能够使大部分人都分享到盖尔文家族所拥有的权力与责任。"

盖尔文说:"我绝对相信,一个人如果能操纵自己的命运,那么他一定会比较有进取心。所以,我们将仍然继续不断地去创造一些适当的环境及计划,尽量让员工多参与跟自己有关的管理工作。有一些特定计划可能通过执行而显得不切实际。对于这一点,我们将会随机应变,改用较好的计划。但通常,我们计划的原则仍然是尽量创造机会,让比较多的人参与管理工作,分享权力与责任。"

为了将"权力与责任分散",盖尔文将权力下放给所属各工厂、各部门。公司的一位高级职员说,我们公司的管理原则是,要把公司的各个部门当作相对独立的事业部门来处理。公司所属的每一个工厂、每一个部门都有自己本身的研究及发展单位,都有权力来决定一切营销活动。公司设有一个履行公共职责的部门,主要是代表公司与所属海外机构及外国政府建立联系。公司内各部门的方针及目标大致上都很协调,在具体运转上总公司不加干涉。

公司一位负责经营的副董事长说:"通常,只要我们在营业额、利润及研究发展经费所占比例等问题上与各部门、各工厂的经理取得协议以后,他们都可以按照自己认为适当的方式去自由支配经费。"如果他们在自己的预算内想推动一项工程计划,那么大可放手去做而不必把详细情况报告公司或上级主管。只有在计划进行到最后阶段而突然发生重大偏差时，总公司才会加以过问。同样，各工厂和部门也可以自己决定自己认为适当的营业项目。事实上，只有当他们无法达到预定目标时，总公司才会通过适当的方式加以帮助。"当然，在公司的总预算经费很紧时，我们也会采取行动，告诉他们将允许做些什么，不允许做些什么；同时，也会特别规定一些非常重要而必须执行的关键计划。这些计划如果没有得到我们的同意，各部门是绝对不能更改的。但不管怎样说，我们的管理原则是尽可能减少干涉。"

为了设法让员工分享权力与责任，盖尔文建立了一套明确的升迁制度。在蒙多罗娜公司，只要员工在履行责任中创造性地工作，就能获得相应的权力。例如，当某一项研究工作有了一定眉目而需要组织力量进一步突破时，公司就授予全权。所授权力之大，一般相当于公司的高级主管，有的甚至于接近公司的总经理，被称之为"一人之下，万人之上"——难怪人们赞叹说："蒙多罗娜公司是技术本位者的晋升阶梯。"

总而言之，蒙多罗娜公司的原则就是尽量减少干涉，给员工一片自由的天空。

将权力与责任分散，激发员工的进取心及创造力，这也是发展公司业务的有效方法之一。

不可做"甩手掌柜"

绝对地看待问题是管理工作的大忌，就授权来说，把权力下放给下属，切不可做"甩手掌柜"。不管你对下属多么信任，在一些关键问题上该过问的一定要过问。

许多管理者常常会将信任与放任混为一谈。放任员工的后果是：不但把放权的成绩冲得一干二净，还会殃及整个企业。身为管理者不可不防！

第 05 章
把控权力：该放就放，该收就收

有的领导者每次向员工交代任务时总是说："这项工作就全拜托你了，一切都由你做主，不必向我请示，只要在月底前告诉我一声就可以了。"这种授权法会让员工们感到：无论我怎么处理，领导都无所谓，可见对这项工作并不重视，就算是最后做好了，也没什么意思。领导把这样的任务交给我，不是分明小看我吗？

不负责任地下放职权，不仅不会激发员工的积极性和创造性，反而会适得其反，引起他们的不满。

对放任进行预防的最好办法，就是监督。

高明的授权法是既要下放一定的权力给员工，又不能给他们以不受重视的感觉；既要检查督促员工的工作，又不能使员工感到有名无权。若想成为一名优秀的领导者，就必须深谙此道。

一手软，一手硬；一手放权，一手监督。这样的领导者才算深谙放权之道。

有一位在工作中经常成功运用授权的公司主管这样描述他的工作职责：我每天的工作，有95%是为了未来5年、10年、20年作预先计划，换句话说，是为未来而工作。至于那些已经有成例的事我很少插手，最多只管5%的事务，其余都归常任人员去做和负责，我只定期花少量时间去检查他们的进展如何。

授权之后，主管的角色由工作的实施者变成工作的控制者，只有完成这一角色转换，授权才能走上合理、有效运行的轨道。

然而，并不是所有的主管都能意识到这种转变，他们还不知道怎样在具体工作之外，获取有关工作的重要信息，实施有效的控制。

当某公司财务副总经理乔和总会计师杰克走进公司董事长、最高主管的办公室时，正碰上董事长大发雷霆，他吼叫道："为什么没有人把情况向我报告？为什么我不能知道这里的工作进展情况？为什么把我蒙在鼓里？没有人向我汇报过这家公司的情况究竟怎样，在公司的问题没有变成危机之前，看来我决不会听到有谁向我提出存在的问题的。从今天开始，我要求你们两位设计出一种使我能够信息灵通的系统，并且还要求知道第二天你们将干什么。即使我是这家公司的负责人，对必须知道的事情却一无所知，我也得滚蛋。"

乔离开董事长的办公室时，他转向总会计师杰克，嘀咕起来："真是蠢货！他想要知道的，或者他可能需要知道的一切都有报告，就陈放在他的办公桌后面的文件架上。"

确实，权力的收与放是一对矛盾体，收之过紧则扼杀创造性，放之过松则会造成局面的失控。管理者不仅要懂得放权，还要懂得怎样去做、放到何种程度。

不要滥用权力

大权独揽，独裁专制的管理方式已经被视为管理的过去式，各级管理者都应对自己的实际权力进行约束和控制，防止自己滥用权力。否则，只会损害自己的形象，扰乱管理秩序。

有些管理者滥用权力，并对下属有不信任、不放心的表现。这种不放心主要是对下属的工作态度、工作方法、办事能力的怀疑，认为下属不能按时保质地完成任务，还不如自己亲自去做，省得出现问题。这样的心理促使管理者指挥越权，做出不该做的行为，加重了自己的负担不说，也会使下属心存不满，认为是剥夺了他们发挥才能的机会。

对于管理者而言，首先要做到用人不疑，疑人不用。对没有了解清楚的下属，对政治上不可靠、品行不端正、能力上不胜任的下属，不能草率使用；一旦使用，只要没有发生原则性的变化，就要充分信任，放手让其工作，鼓励他们大胆去干。

如果通过实践发现：下属工作主动性、积极性较差，能力较弱，管理者就要加强督查，加大管理的力度，帮助他们认识和改正错误，促使下属去努力工作，在实践中锻炼提高，宁肯监督、指导他们奋力苦干，也不能只图干脆，自己去做。

另外，有些管理者自恃高明，把自己看得比下属高出许多，总觉得自己行，下属不行，只盯着下属的短处、自己的长处，必然会出现滥用权力的现象。

有些管理者一般比较在意下属的越权，却会忽视自己的滥权，这是需要认识与控制的。

有这样一种说法：管理权越大，地位越高的人，越是不会随意地发号施令。

情况就是这样，因为掌握大权的管理者们知道自己命令的重要性，而那些职权并不是很大的管理者，为了过足管理他人的瘾，产生一种管理怪癖，到处乱发命令，指挥别人做这做那，走到哪，哪里就会听到他扯着嗓门高声下命令，要求别人遵照执行，在他所管理的小范围内出尽了风头。

安德格力夫就是属于前者。他是位将军，在第二次世界大战中曾担任英国地面作战部队的司令官。他在"加达克拉尔"战役中大获全胜，充分地显示了他杰出的管理才能。这个战役是在地中海东部的"塞浦路斯"岛国进行的，战役还没有开始之前，安德格力夫在军中没有随便地下达什么命令，他只是用鼓励的口吻对士兵们说："胜利只是属于那些勇敢和坚强的人们，上帝不会保佑懦弱者。"

安德格力夫曾在他的回忆录中写道："那时的我，从形象上来看并没有士兵们想象中的那种大将风度。士兵们看我具有一种儒雅的风范，似乎更适合当一名高级教师。我对士兵们总是很和蔼，不像别人想象中的那种独裁军官，形象酷，脾气暴躁。这些使得许多人都惊奇我当时的地位，居然会是一位身经百战的优秀将军。也使得很多的人不相信我的能力——竟然会在'加达克拉尔'那场颇具规模的战役中大获全胜。"

与安德格力夫的做法相反，许多管理者，即使他的职权并非很大，但是他们却非常热衷于下命令，以至于几乎形成了一种习惯，不下命令就觉得不舒服。从某种程度上说，他们似乎对下命令上了瘾，觉得没有什么事情比下命令更能使他们自己感到欣慰的了。殊不知，自己的威望就是在这种错误的做法中日益减退，最后消失的。

由此可见，管理者习惯于随意滥下命令，将会造成许多不好的后果，只会使用命令来管理别人的人，绝不会成为一名杰出的管理者。这种随便滥用命令的管理者将会失去下属的民心，得不到下属的支持和拥护，注定会失败。

如果你确实已经养成了随意施令的不良习惯，那么就应该设法逐步改正，这就需要冷静的头脑，遇到事情不要紧张，慎重考虑，仔细权衡利弊，然后作出正确的决策。如果时间紧迫，容不得多加考虑，需要及时作出命令或决定时，你只需要考虑最根本的利益，抓住它就行。在集体利益与个人利益发生冲突的情况下，应该顾全大局，舍个人利益而求集体利益，这时可以采取强制的命令措施，以保证事情的顺利进展。在这种情形下，命令影响策略仍然是很有效的，是解决问题的最佳方式。

谨防下属拥"兵"自重

部下权力过重，难免会拥"兵"自重，这无论是对管理者本身还是对整个组织来说，都是一个非常大的隐患。一旦权力过重的部下起了二心，必将带来严重后果。

有一个企业的总经理，对业务部经理的能力很是倚重，不但业务部人员的安排、业务开展等事完全交给他决策，而且有关企业营销战略的重大问题也基本由此人说了算。长此以往，此人拥"兵"自重，后来带领全部业务骨干另创新企，把原企业的客户一股脑带了过去不说，整个营销模式也完全套用原企业的。一个好端端的企业一下子成了空架子，这不能不说是那位总经理管人、分权问题上的重大失误。

这里还有一个古代的例子。异姓诸侯王是西汉王朝建立前后分封的非刘姓的诸侯王。翦灭异姓王，是汉高祖为巩固专制主义中央集权所采取的重大方略。

当时的异姓诸侯王共有七个：即楚王韩信、梁王彭越、淮南王英布、赵王张耳、燕王臧荼（卢绾）、长沙王吴芮和韩王信。其中除吴芮和韩王信外，其他五人在楚汉战争中协助汉王刘邦争夺封建统治权力都立有汗马功劳。这些诸侯王因为不是刘姓宗室，故史称异姓诸侯王。到汉五年五月刘邦称帝时，这些异姓诸侯王大抵占据了战国时期东方六国的大部分疆域。

西汉初年，由于社会经济凋敝，封建统治秩序尚待重建，汉高祖不得不暂时维持现状。但是，他对异姓王势力的膨胀也保持着高度的警惕。如垓下之战结束、项羽败死后，刘邦立即夺取韩信的兵权，同时将他由齐王徙为楚王，都下邳。汉高帝五年（前202）七月，张耳病死。不久，燕王臧荼谋反，刘邦亲自领兵讨平。剩下的5人中，楚王韩信、梁王彭越、淮南王英布对西汉王朝的建立有汗马功劳，且手握重兵，成为汉高祖的心腹之患。于是，刘邦在吕后的协助下，采取强硬的对策，一一翦除了异姓王的势力，维护了集权统治。

摒弃合理授权的各种障碍

一般管理者都明了授权的必要性，也存在希望通过授权改变管理局面的主观意愿。但在具体的管理实践中，却发现要把"合理授权"这一管理信条落实到位，困难重重。这里面有思维方式和管理习惯的问题，也有对权力收放的拿捏把握的问题。

归结起来，合理授权的障碍来自以下两个方面。

（1）管理者个人在工作认识和权力下放上的思维误区

第一，以自我为中心的工作习惯。

对于让下属作出对自己有影响的决定很不习惯。必须要克服这一点。因为作为管理者必须清楚你不能独立完成所有的工作，而高效的授权能让你的工作和生活更轻松，并且让你的团队更有活力。

总觉得自己比下属更能干。那些具有较强工作能力的管理者更容易发生这样的失误。事实上，管理者即使在很多领域中都具有非凡的能力也一定要避免事事亲为，因为你能干不代表你的成员不能做这些事，而且更严重的是会导致下属行为的惰性。

认为有些具体事只有自己能做。管理者必须时刻提醒自己：如果在一个团队或组织中你是惟一能做某件工作的人（这里指具体的和技术上的工作），那对整个组织来说是危险的。只有那些必须由自己处理的事情才不属于授权的范围。

第二，对授权对象要求苛刻。

认为必须把一项工作授权给能手才是合理的。实际上不同的工作完全可以授权给不同的人，而标准只有一个，那就是能否提高整个团队的绩效。应该针对特定的情形和对象使用最佳授权方式，最终减少团队中资源的冲突。

因为下属拒绝而对授权没有信心。担心经验不足而导致失败和对你授权方式的不满都可能导致他们的拒绝，当然，解决这些问题更需要管理者的经验。

因为下属是新手而不敢授权。一个高效的管理者，在明白能人重要性的同时也必须看到新手的潜力和价值。授权的过程其实也是一个授权者与被授权者共同进步、共同承担责任、共同学习的过程。

第三，工作目标模糊。

认为是自己举手之劳的工作而忽视授权。实际上一个管理者的时间就是在这些并不重要的举手之劳的工作中浪费掉了。更重要的是这样会宠坏你的下属，使他们的能力更加缺乏。

因为自己喜欢做而不授权给下属。尤其是一些技术型管理者，你必须授权你喜欢的工作，让下属代你完成。你的任务是集中精力做必须由你做的工作，而无论你是否喜欢。

对工作要求尽善尽美。认为所有工作都应该完美地实现，其实这是一个误区，而一旦陷入这个误区，则会对你的授权产生限制，甚至会导致你对下属的能力产生怀疑，从而在授权工作上止步不前。事实上有许多时候不需要十全十美。

不能清楚地认识到强影响和弱影响工作的区别。强影响工作指人力管理、规划整个系统、激励和培训等长期性工作，而弱影响工作是指日常工作或受强影响工作影响的工作。国外的一些调查显示，最佳的时间分配是80%的精力放在强影响的工作上，20%的精力放在弱影响的工作上。分清楚这两类工作，并有计划地分配和授权，你会感到你要做的工作和应分配的工作重点更加清晰，同时这样也将有助于你日后的控制工作。

（2）管理者对权力的把握出现偏差，典型的表现是造成下属的"越权"

下级"越权"的现象在一些单位时有发生，领导者要根据不同的"越权"情况，采取不同的制止下级"越权"的方法。

第一，明确职责范围。

权力是适应职务、责任而来的。有多大的职务，就有多大的权力，就能承担多大的责任。因此，只有职、权、责相统一，才能制止"越权"现象。

第二，分层领导。

下级要认真地做好本层次的工作，对上级领导负责，执行上级的指示，接受上级的指导和监督，主动地、经常地请示汇报工作，积极地、创造性地完成上级领导交给的一切任务。

第三，为下级排忧解难。

领导者要关心、爱护下级，为下级排忧解难。这样，既可以防止下级有意识地越权，也可以防止下级由于来不及请示而出现的越权现象。

第四，要分清"越权"的动机。

如果下级是因为有较强的事业心、责任心，工作有积极性、主动性，不推不靠，敢作敢为，敢于承担责任，而出现了"越权"行为，领导者应该先表扬后批评，既肯定其积极性，又指出其越权的危害。如果下级的越权行为是因为觉得自己能力出色，或者有意和领导过不去，那么领导者要严厉警告，下不为例。

总之，一旦下级发生越权行为，要慎重地根据不同情况，采取不同的方法加以纠正。当然，一般来讲，没有重大的突发事件，领导者还是要把下级的越权消灭在萌芽状态，这样，才能使工作走上正常轨道。

把握必要权力，防止授权失控

管理者授出责权后，必须保留自己必要的权力和责任，防止放弃职权。总的说，管理者要握有指导权、检查权、监督权和修改权。这几方面的权力是从广义上讲的，是广泛适用的。但具体说来，对于不同性质的任务，不同形势环境和不同的授权对象，管理者应保留的权力内容不尽相同。但一般来说，管理者应该保留对该项工作任务结局的最后决策权。即当该项工作的最后目标达成发生意见分歧、莫衷一是的时候，管理者要能够正确统揽全局，权衡利弊，当机立断，作最后决策。对直接下属和关键部门的人事任免权，即组织人事权也要保留。有了这一点，就能保证领导机构的正常运转和高效率。另外，还要保留对直接下属之间相互关系的协调权。协调下属之间关系是非常重要的，也是其他下属所不能替代的。

给自己保留一定权力，为的是防止授权失控。所谓失控有两层含义：一是权力授出后，管理者对下级没有约束力、修正权了；二是下级逐渐"翅膀硬了"，不听命于上级，甚至出现了侵犯上级职权——即"越权"现象。

如何防止授权失控呢？

第一，管理者对下属的权力要做到能放能收。这是防止授权失控的有效措施之一。

第二，管理者要紧紧把握监督环节。防止权力失控的关键在于监督。监督可防止"钻口袋"，被下属牵着鼻子走。

第三，管理者授权不能失衡。就是说，在自己领导的组织系统内，对多个下属授权，权力分布要合理，不能畸轻畸重（管理者主要助手除外）。无根据的偏重授权，以个人感情搞亲疏性授权，是万万不可取的。

此外，还要适度的怀疑，这也是防止授权失控的方法之一。

用人不疑是人们津津乐道的管理之道，但管理者必须清醒地认识到，管理者在对权力的下放上，怀疑才是"主旋律"，而信任只是策略性的、战术上的。

明智的管理者都懂得这样一个简单道理：凡事皆有度。你相信一个人，必须找出足以支持你论点的相关事实。不管是直觉还是事实，这些证据都必须是可靠和有说服力的，至少应能足以使你自己确信：这个人值得信赖，我应相信他的为人与能力。

相信人的同时，你千万不要丧失应有的警惕。你必须在合理的范围内怀疑每一个人。通常情况来讲，人性是利己的，是追求自身利益最大化的（当然，其中也存在个别例外，但那毕竟是少数）。一旦各方面条件具备，人的利己的一面便会表现得尤为突出，他们会想尽各种办法来满足个人的欲望。你所应做到的，就是采取各种措施，防止这种不利的情况发生。这一点的确是对每个领导者的重要考验。因为事实表明，越是老员工，越是老客户，管理者们越易丧失应有的警惕，而不去合理地怀疑他们。这种做法往往会导致这样一种不当的后果：公司遭受的重大灾难往往与这些人有密切关系。

应合理怀疑的表现是：对重要的职能工作应交由两个或两个以上的人同时完成，防止一人独断或舞弊状况发生；在公司高级管理人员中不明显地重用某人，而使他们彼此互相牵制，互相制约；设立复核或内部监督部门，定期或不定期地监督某些重要部门或人员；实行重要岗位的轮换制，防止一人专断和内部小帮派形成；在同一地区，选择两到三个分销商，使彼此竞争，防止单个分销商的要挟与欺骗顾客行为；不定期抽查与巡视。

一定要使你的怀疑保持在合理的范围内，切不可因此而严重损害他人的进取心。

不要省掉"检查工作"这一环节

"细节决定成败"，如今已成为许多管理者的口头禅，但要真正把对细节的重视贯穿于管理工作的每一个环节并不是一件容易做到的事。比如，有时你的指令下达了，任务安排了，并已给予下属充分的权力，但这并不意味着你就可以高枕无忧，而接下来的"检查工作"这一环节是决不能省掉的。为此，管理者必须做好以下几个方面的工作。

（1）让员工知道如何报告工作

向分配工作的领导报告完成工作的结果，称为报告工作。为什么要让员工养成报告工作的习惯呢？

首先，接受了指示，并且执行了，仅做到这一步，并不意味着工作就算完成了。不管什么工作，都要向下达指示的人报告执行结果，等听到"很好""知道了"时，这件工作才算告一段落。无论什么原因，工作之后不报告，就是犯了"有始无终"的错误。

其次，报告工作应赶在催促之前。否则下达指令的人会因此而分心，影响工作的安排，不利于工作的全面展开。作为一个称职的工作人员，及时报告工作是一项基本的功夫，必须认真落实。

最后，下达指令的人，常常要根据执行者的报告举一反三考虑下一步应该做的工作。若没有诸如此类的报告，缺乏必要的信息反馈，就会导致不该出现的失误。

在通常情况下，凡是需要领导不时催问处理结果的部门，错误出现的可能性大；反之，能提前提出工作报告的部门，工作则进行得比较顺利，人际关系也比较融洽。

鉴于报告工作的重要性，领导者应当事先向新进人员认真讲清楚。作为组织成员的基本行为规范，就是赶在催问之前先做好工作报告。

（2）直接询问员工的工作情况和状态

任何一个人都会有情绪低潮、提不起劲儿、无法完成领导交待的任务的时候。而且，同样完成一件工作，有时候也会因时机、个人的不同而不同。

某领导在激励员工时总是这么说："现在，正是我们公司面临生死存亡的关键时刻。各位能不能了解我们目前的困难？大家要加油啊！"

刚开始的时候，他这番话的确起了不小的作用，大家都非常努力，可两年下来，就没有人再愿意拼命了。因为大家早就听腻了他那套老掉牙的说法了。那么，到底该怎么做才好？直接去问员工——这就是要诀。

"你怎么会做这种事？到底是怎么回事？"很多时候你可以在员工的回答中找到问题的答案和解决之道。如果员工陈述了事情的经过，认识到自己的错误，而且很诚恳地道歉，你就应该一笑了之，不需要再责备他了。

然而员工不一定都会对你袒露实情。因此，你也不能单听他一面之词就马上全面相信，应该把他说的话当作参考。仔细地观察他在回答时的反应，包括沉默、叹息、神色等，然后在你继续问他的时候，可以再加上一句："事情真的是你说的这样子吗？"如果能确实掌握住问题的重点，事情就会出乎意料地简单，他会把所有的事情都说出来："事实上是这个样子的……"既然了解了问题出在哪里，就可以相互讨论解决的对策。如果能辅导他自主地去解决问题的话，问题自然会迎刃而解。

（3）不妨常到现场走走

为了提高大多数职工的积极性，需要把他们工作中的内在价值挖掘出来，使他们体会到自己的意义。

为此，管理人员应当在现场到处转转，与职工打招呼，要他们好好干，给他们鼓劲。并且，其间如发现员工一些不为人注意的小的成绩，给以表扬，这是非常重要的。

比如说你一周去一次，用焕然一新的眼光仔细打量你周围的一切。这样你还可以发现一些细小的改进之处，而这种改进对你鼓舞士气、调动员工积极性是大有好处的。

这种姿态，是从管理尊重人的价值观念中产生的。这种价值观念，就是要尊重人，不管什么样的人都要发现他的长处，都要亲近他。职工只要认识到自己努力就会受到上司和同事的赞扬，积极性就高涨，就会勇敢地向下一个问题挑战，并在挑战中成长。

（4）时刻检查组织的运行状况

每个员工对一个领导负责。在每个员工上面监督的人愈多，干劲愈小，分层负责的秘诀是要每个部下只对一个领导负责。习惯了遇事到处报批盖章的人是否对这样一个规定感觉有点儿陌生呢？你也许会想这样会不会降低工作质量的保障系数呢？这个问题大可不必担心，对于一个素质较好的员工来说，需要应付的"头儿"越少，越有创造力和工作兴趣，同时可以大幅度地提高工作效率。另外直接管理员工的领导者也要对他的上级负责，也就是说他们也在受到监督，或者，你也可采取办法避免这种现象发生。如不定期对同级领导者调换——当你认为有十分必要的话。

一切工作就绪，画出一张完善的组织系统表，这是一张让你自己不会糊涂的图表，务必要使上下级的关系十分明确，使其能显示出每个人工作的功能。同时凭着这张纵观全局的图表，检查一下工作有何得失。

不要认为现在就大功告成了，真正的组织工作应该是在日常。所以领导者最好"警惕"组织的运行情况，及时对不恰当的地方和意外的变化作出必要的改动。

检查工作这一环节有时候让人感觉琐碎而麻烦，需要以十足的耐心和细心去做。把住了这一关，管理者所安排的工作就能落实到位，并尽可能地减少错误和漏洞。

谨防"反授权"

管理者在授权过程中和在授权以后，要注意防止"反授权"。所谓反授权，是指下级把自己所拥有的责权反授给上级，即把自己职权范围内的工作和问题推给上级，将矛盾上交，"授权"上级为自己工作。这样，使理应授权的上级领导反被下级牵着鼻子走，处理一些本应由下级处理的问题，使上级领导在某些方面和某种程度上降为下级的下级。对此，如不警惕，不仅使上级管理工作被动，忙于应付下级请示、汇报，而且还会养成下级的依赖心理，从而使上下级都失职。

作为管理者，要从根本上防止反授权，必须从自身做起，彻底根除造成反授权的种种原因。如果是由于自己过于揽权或对下级工作不放心而造成的反授权，作为管理者应该自觉放权，放手让下级开展工作。如果反授权是由于下级水平不高，缺乏独立决策能力造成的，作为管理者应从提高下级领导能力入手，为下级指出解决问题的途径和办法，但不能包办代替。如果反授权是下级出于讨好上级的目的，作为上级应保持冷静的头脑，切不要为下级的一味"请示""汇报"所迷惑。同时，对下级的各种反授权行为给以中肯的批评，使之认识自己的问题，明确自己的职责，立足以能力和政绩赢得上级的信任和器重，而不能把心思和精力用偏了。如果是下级怕负责任，遇到棘手的矛盾就往上交，遇到能讨好别人、捞名捞利的事就往上钻，就应严肃批评，必要时收回权力。领导者如果以这种态度对待反授权，反授权现象就难以存在了。

第 06 章

放开员工的手脚,束缚自己的权力欲

通过授权提升领导力

授权是现代领导的分身术。尼克松在谈到他当美国总统的时候说，领袖有各种各样重要的选择，其中就有什么事该亲自处理，什么事可以让别人去办，以及选择什么人代表自己办事。

管人之所以给职位还要给权力，是因为这是领导工作的需要。现代化领导面临政治、科技、经济、社会协调等千头万绪的工作，即使你有天大的本事，但光靠自己一个人是绝对不行的，必须依靠各级各部门的集体智慧和群体功能。这就要根据不同职务，授予下属以职权，使每个人都各司其职，各负其责，各行其权，各得其利，职责权利相结合。这就能使领导者摆脱繁琐事务，以更多的时间和精力解决全局性的问题。所以与职务相应的权力不是领导者的恩赐，不是你愿不愿给的问题，权力与职务是孪生兄弟，职权相应是搞好工作的必需。

授权要注意四点：

一是授权者要注意激发受权者的责任感和积极性。

授权的目的，是要下属凭借一定的权力，发挥其作用，以实现既定的领导目标。但如果受权者有权不使，或消极使用权力，就不能达到这个目的。因此必须制定奖惩措施，对受权者进行激励，引入竞争机制。

二是要给受权者明确责任。

要将权力与责任紧密联系起来，交代权限范围，防止受权者使用权力时过头或不足。如果不规定严格的职责就授予职权，往往成为管理失当的重要原因。

三是要充分信任受权者。

与职务相应的权力应一次性授予，不能放半截留半截。古人云："任将不明，信将不专，制将不行，使将不能令其功者，君之过也。"领导者给职不给相应的权，实际是对所用之人的不尊重、不信任。这样，不仅使所用之人失去独立负责的责任心，严重挫伤他们的积极性，一旦有人找他们，他们就会推："这件事我决定不了，去找某领导，他说了才算。"

四是授权要注意量体裁衣。

要根据受权者能力的大小，特别是潜在能力的大小来决定授职授权，恰到好处地让每个受权者挑上担子快步前进，不要有的喊轻松，有的喊累死。

领导者管人是否得当，就是看被管之人根据所授予的职权，在实际工作中能否恰到好处地行使权力、胜任职务来判断的。领导者务必慎重地、认真地对待用人。希望那些以"辛苦"为荣，以"忙碌"为绩的领导，少干一些"忙自己、包办、代替、抑制人才的傻事"，多一些大胆放权的开明之举，集中精力想好大事，抓好大事。

如何更有效地发挥下属的积极性、创造性，这在现代企业管理中，是一个令企业领导感兴趣的问题，并且，不少企业进行了卓有成效的尝试。当今巴西最负盛名的企业集团——塞氏工业集团，创造出一种旨在最大限度地发挥员工积极性、创造性的全新管理模式。

塞氏企业是个生产多种机械设备的大型集团。几年前，理查德·塞姆勒从父亲手上接下塞氏，它还是个传统的企业。塞姆勒也深信拥有纪律的高压管理能创造效益，以统治数字为武器的强干经理也可以主导业务。但在一次生病后，塞姆勒产生了全新的想法。

塞姆勒采取的第一个步骤就是取消公司所有的规定。他认为规定只会使奉命行事的人轻松愉快，却妨碍弹性应变。在塞氏，每位新进入的员工都会收到一本20页的小册子，重点提醒大家用自己的常识判断解决问题。

现在塞氏企业的工人已经可以自定生产目标，不需劳驾管理人员督促，也不要加班费。主管们也享有相当大的自主权，自行决定经营策略，不必担心上级的干预。最特别的是，员工可以无条件地决定自己的薪水。

因为塞氏主动提供全国薪水调查表，让员工比较在其他公司拥有相同技术和责任的人拿多少薪水，塞姆勒毫不担心有人会狮子大开口。

工人们也可以自由取阅所有的账册，公司与工会设计了专门课程，教全体员工如何看各种财务报表。

在做真正重大决定时，例如要不要兼并某公司，塞氏一律由全公司投票表决。公司没有秘书，没有特别助理，塞姆勒不希望公司有任何呆板的而又没有发展的职位。全公司上上下下，包括经理在内，人人都要接待访客、收传真、拨电话。塞氏曾做过试验：将一叠文件放进作业流程，结果要3天才送进隔壁办公室对方手里，这更坚定了塞姆勒要精简组织的决心。

塞姆勒不像别的老板那么勤于办公。早上他多半在家里工作，因为他认为那样比较容易集中精神。他也鼓励公司其他经理在家里工作。此外，他每年至少出外旅行两个月，每次旅行绝不留下任何联络的电话号码，也不打电话回公司，他希望塞氏的每个人都能独立工作。

继组织的变革后，塞氏也改变了部门之间的合作方式。如某个部门不想利用另一个部门的服务，可以自由向外界购买，这种外界竞争的压力使每个人都不敢掉以轻心。塞氏还鼓励员工自行创业，并以优惠的价格出租公司的机器设备给创业的员工，然后再向这些员工开设的公司采购。当然，这些创业的员工也可以把产品卖给别人，甚至卖给塞氏的竞争对手。塞姆勒说，这样做使公司反应更敏捷，也使员工真正掌握了自己的工作——伙计变成了企业家。

此外，工作轮调也成了塞氏制度化的一部分。每年他们有20%～25%的经理互相轮换。塞姆勒认为，人的天性都是闲不住的，在同一个地方呆久了，难免会觉得无聊，导致生产力下降，惟一的方法便是轮调。同时由于塞氏各项工作的速度及频率都太快了，造成员工相当大的压力，塞氏非常重视专业再生充电，也就是休假制。借此机会员工可以重新检讨个人的工作生涯与目标。

每周总会有其他企业的主管来到巴西的圣保罗市郊,参观塞氏这种全新的管理模式。

但不管怎么讲,更令参观者惊讶的是,在经济不景气、经济政策混乱的大环境中,塞氏近12年来的增长率高达600%,生产力提高近7倍,利润上升5倍。巴西一家主要杂志对大学应届毕业生所做的调查中25%的男生和13%的女生都说塞氏是自己最想进的公司。

企业领导者要部下担当一定的职责,就要授予相应的权力。这样有利于领导者集中精力抓大事,更有利于增强部下的责任感,充分发挥其积极性和创造性。敢不敢放权,是衡量一个领导者用人艺术高低的重要标志。

如果领导者对部下不放权,或放权之后又常常横加干预、指手画脚,必然造成管理混乱。一方面,部下因未获得必要的信任,便会失去积极性;另一方面,这也会使部下产生依赖心理,出了问题便找领导,领导者就会疲于奔命,误了大事。

接受的工作越重要,员工越有干劲

杰克·韦尔奇说:"我的经营理论是要让每个人都能感觉到自己的贡献,这种贡献看得见,摸得着,还能数得清。"

重要的工作能促使员工出成就,为企业的发展作出重要贡献。它能激起员工的自信、勇敢和热情,继之以勤奋的工作,包括体力工作和脑力工作。一旦员工尝到了在重要的工作中获得成就的甘果之后,就能够调动自身的内在潜力和干劲,迸发出更强的进取欲望。

所以,管理者要让你所有的员工,包括刚刚加入这一群体的新员工都明白,你希望他们能完成艰巨的工作任务,充分发挥他们的水平,你就能够轻而易举地把各项工作安排给合适的员工来完成。

人的精力虽然不是无穷的，但是有时也会发挥出超越自身极限的力量来。员工在困难中的紧张感，对自己的信心，对困难工作的坚决果断，坚持到底的热情，不怕困难必须成功的毅力，这一切融合在一起的时候，就会爆发出巨大的威力，干出原先想不到的成就。

如果员工觉得自己的工作不重要，会在很大程度上影响其积极性。曾听员工说："现在的工作分工愈来愈细，也愈来愈单调，若长期如此，越干越没兴趣。"也有的员工说："我们不知道这项工作的意义，做起事来也缺乏干劲。"可见，员工如果认为自己的工作不重要，或者对工作的重要性认识不足，就看不到工作的价值，也激发不起他们工作的热情，更无从激发其潜力。

工作的重要性有两重含义：一是在企业内被全体员工公认是一项重要工作；二是从整个社会来看是一项重要的工作。

在企业内部，将工作细分后，个人所承担工作的重要性也就削弱了。管理者要善于授权，并赋予工作以重要意义，从而增强员工的荣誉感和使命感。

一位饭店经理叫一位男服务生到一个房间关窗户，在这位男服务生可能埋怨不应该叫他去做只要女服务员就可做的事之前，经理已经以非常慎重的态度告诉他："那个房间里的窗帘价格非常昂贵，你现在必须赶快去把窗户关好，否则待会儿台风刮来，窗帘如果损坏，那将是我们相当严重的损失。"

这位男服务生听完之后便飞奔而去。

经理的高明之处在于，他让那位男服务生认为自己负担的责任不仅仅是关窗户而已，还需要他去保护价值昂贵的窗帘。

请各位务必铭记下面的规则——让对方知道他必须如此做的理由、让对方认识到他所担负的某项任务有多么重要。

有一家盲人工厂生产的螺帽，远销世界各地，通用性很强，飞机、轮船以及各种机械都可以装配，该厂的管理者将这一信息传给大家，大大提高了员工对自己劳动价值的认识，增强了他们的工作兴趣和积极性。

有了成就，会产生一定的满足感，为了获得更大的满足感，就会作出更大的成就，这是一种良性循环。

授权不一定非要给员工一个实在的职位或某种权力。正如上文说的那样，地位不一定是实实在在的，同样，任务也不一定真的那么重要，你只需让员工觉得重要就可以了。

集权不如放权更有效

领导者要善于分派工作，就是把一项工作托付给另一个人去做，下放一些权力，让别人来作些决定，或是给别人一些机会来试试像你一样做事。

当然了，总有一些工作不那么让人乐意去做。这时候，也许你就该把这些任务分一分，并且承认它们或许有那么一点令人不快，但是，无论如何，工作总得完成。

在这种时候，千万别装得好像给了那些得到这些工作的人莫大的机会一样，一旦他们发现事实并非如此的时候，也许会更厌恶去做这件事。这样一来，想想看，工作还能干得好吗？为什么对某些领导来说把工作派给别人去做是件如此困难的事呢？下面就是可能的原因。

- 如果你把一件可以干得很好的工作分派给别人做了，也许就达不到你可以达到的水平，或者不如你做得那么快，或者做得不如你精细。求全责备的思想作怪会以为把工作派给别人做，不会做得像自己做得那般好。

- 如果让别人来做你的工作，也许你会担心他们做得比你好，而最终会取代你的工作。

- 你害怕在把工作派给别人做了之后自己就无事可干了。所以那些握些小权的人,哪怕是芝麻绿豆大的小事也不愿放手让别人去干。
- 你没有时间去教别人如何接手工作。
- 你没有可以托付工作的合适人选。

如果你确确实实想要把工作分派下去,那么,在你花一点时间作一番努力之后,所有上述的这些困难都是可能克服的。你要对付的第一件事也许就是自己对此事所持的推诿态度。

如果你确实有理由担心,因你的员工在工作上出了差错之后,你就会失掉你的工作;或者在你工作的地方,工作氛围相当糟糕,你担心工作不会有什么起色,这时候,你就得和你的上司谈谈这些情况,从而在分派工作这件事情上得到他的支持。

如果确实还没有可以托付工作的人选,而你自己又已经满负荷运转,那么,也许你就该考虑一下是不是应再雇用一个人。

当然,放权也需有度。其中,"大权独揽,小权分散"是现代企业管理中实行的一项既授权,又防止权力失控的有效办法。

法国统盛·普连德公司是一个生产电子产品、家用电器、放射线和医疗方面电子仪器的大型电器工业企业。该公司属下各分公司遍布全球,为了对这个年销售额达数十亿美元的大企业进行有效的管理,公司实行了"大权独揽,小权分散"的管理制度。

总公司把投资和财务方面的两大关键权力掌握在自己手中。公司所属的分公司,每年年底都要编制投资预算报告,并呈报总公司审核,总公司对预算报告进行仔细的分析,如果发现有不当之处,就让各公司拿回去进行修改。当投资预算批准后,各公司都要照办。当然,这些预算也不是不可变更的,只要在预算总额内,各分公司的主管还可以对预算内的金额自行调整。通常,分公司经理可对每一个预算项目增、减10%,如果数目超过10%,则必须经过高一级主管的批准。

该公司建立了一项十分有效的管理控制员制度，对下属公司的生产，尤其是财务方面进行监督。这些管理控制员在执行任务时，都得到了总公司董事会的全力支持，他们对各公司的间接制造费用、存货和应收款等特别注意，一旦发现有任务不正常的迹象，就立即报告总公司，由总公司派人进行处理。各分公司每个月的财务报表必须有管理控制员的签字，才能送交董事会。

该公司在投资和财务方面牢牢地掌握住大权，但在别的方面却实行了分权。该公司的领导者认为，大的企业，其领导者不可能事必躬亲，分权制度可以减少领导者的工作压力；即使是小企业，其领导者也不可能事无巨细，统统揽在自己一人身上，也必须给下属分权，让下属发挥其聪明才智，为企业出谋划策，促进企业的发展。

因此，该公司的每一家分公司都自成一个利润中心，都有自己的损益报表，各事业部的经理对其管辖的领域都享有充分的决策权，同时他们也尽量把权力授予下级，充分发挥分权制度的最佳效果。

统盛·普连德公司实行分权管理制度后，调动了各分公司的积极性，生产蒸蒸日上，利润年年增加，获得了相当大的成功。

"大权独揽，小权分散"是统盛·普连德公司实行分权管理制度的成功经验，也是现代企业管理中实行的一项有效办法。公司的要害部门要直属，公司的关键大权要掌握在自己手里；其余的权力能放则放，这样，上下级劳逸平均，各得其所，也各安其职，个人的积极性、创造性就调动起来了，同时又不会发生权力危机。

一个高明的管理者，其高明之处就在于善于授权。授权不是交权，也不是大权旁落，而是在明确了下级必须承担的各项责任之后，所授予的相应的权力。从而使每一个层次的人员都能司其职，尽其责，使其智，成其事。

领导的任务不是替下属做事

一个企业的领导者,他的主要任务是作出决策,把握好做什么、哪里做、何时做、谁来做,想办法找正确的人做正确的事,激励下属去做,而不是代替下属去做。

正如上文所言,管理者就是一个坐在帐篷里运筹谋划的元帅或将军,而下属则好比是上阵冲杀的士兵,管理者替下属做事好比统帅跑出军营跨上战马披起盔甲代替士兵去上阵冲杀。

在很多组织里面,常常有这种管理者:他们事必躬亲,大包大揽,属于"将军"的事他干了,属于"士兵"的事他也干了,吃苦受累,任劳任怨,但结果居然听不到下属的一句好话,而净是不绝于耳的指责与埋怨。

对这种管理者,可以用一句话概括:吃力不讨好!

吃力不讨好也就罢了,更严重的是,这种事必躬亲的管理者的所作所为,对组织却是有害无利。因为他的大包大揽,下属索性站在旁边什么也不干,助长了懒惰之风,使生产和工作效率大大降低;并且,一个人包打天下,顾此则失彼,一个不小心就会使组织陷入漩涡,无法自拔!

这种类型的管理者十分可悲,因为他什么也没有得到,相反竭心尽力,日理万机,但万没想到却害了自己的组织!同时也十分可怜,因为谁也不会同情他的处境。

一个高效率的管理者应该把精力集中到少数最重要的工作中去,次要的工作甚至可以完全不做。人的精力有限,只有集中精力,才可能真正有所作为,才可能出有价值的成果,所以不应被次要问题分散精力。管理者必须尽量放权,以腾出时间去做真正应做的工作,即组织工作和设想未来。

什么叫管理者?通俗的说法是:"管理者就是自己不干事,让别人拼命干事的人。"管理者要通过别人来进行工作,即使管理者自己可以更好、更快地完成工作，但问题在于你不可能亲自去做每一件事情。如果你想使工作更富有成效，就必须向下属授权。

管理者最主要的任务是去展望未来——而这种事情往往是不能授权给别人的。他的任务不是去忙于监督那些日常工作，更不是亲自去做那些琐事。放权的重要性或许就在于，必须集中精力去思考那些只能由自己去做的事情！就像总统只考虑重大的宏观问题一样，管理者只思考企业的大问题和未来的方向，并提出必须优先考虑的事项，制定并坚持标准。

一名管理者，不可能控制一切；你协助寻找答案，但本身并不提供一切答案；你参与解决问题，但不要求以自己为中心；你运用权力，但不掌握一切；你负起责任，但并不以盯人方式来管理下属。你必须使下属觉得跟你一样有责任关注事情的进展。把管理当作责任而不是地位和特权才是管理者能够进行真正的、有效授权的基本保证。

那些事必躬亲的管理者往往会有这样的想法：他们应该主动深入到工作当中去，而不应该坐等问题的发生；或者他们应当向下属们表示出自己不是一个爱摆架子或者高高在上的领导。这些想法确实值得肯定，而且管理者的确应该适当干些有利于赢得人心的杂活，但这毕竟是提升自身形象的一种手段，而不是让你什么事都亲力亲为，因为走向了这一极端不仅没有任何好处，还会让管理者付出很大的代价。

如果你有着事必躬亲的倾向，那么下面几点建议应该会对你有所帮助。

（1）学会置身事外

实际上，有些事务并不需要你的参与。比如，下属们完全有能力找出有效的办法来完成任务，根本用不着管理者来指手画脚。也许你确实是出于好意，但是下属们可能不会领情。更有甚者，他们会觉得你对他们不信任，至少他们会觉得你的管理方法存在很大问题。当出现这种情况时，你应当学会如何置身事外。这里有一个小小的窍门：在你决定对某项事务作出行动之前，你可以先问自己两个问题："如果我再等等情况会怎么样？"

以及"我是否掌握了采取行动所需要的全部情况？"如果你觉得插手这项事务的时机还不成熟或者目前还没有必要由自己来亲自作出决定，那么你应当选择沉默。在大多数情况下，事情也许根本不用你费心，你的下属们就会主动地弥补缺漏。通过这样缜密的考虑，你会发现也许有时你的行动是不必要的，甚至会使情况变得更糟。

（2）恰当地授权

当组织发展到一定阶段，随着事务的日益增多，管理者已经无法亲自处理所有的问题，这就需要授权。从某种意义上说，授权是管理最核心的问题，也是简单管理的要义，因为管理的实质就是通过其他人去完成任务。授权意味着管理者可以从繁杂的事务中解脱出来，将精力集中在管理决策、经营发展等重大问题上来。通过授权，你可以把下属管理得更好，让下属独立去完成某些任务，也有助于他们成长。

（3）弄清楚究竟哪些事务你不必亲自去做

既然明白了事必躬亲的弊端，那么下一步你必须明确授权的范围，也就是说究竟哪些事务你不必亲自去做。根据组织的实际情况，授权的范围肯定会有所不同。但这其中还是有一些规律性的东西。在授权时，下面几个因素值得考虑：

第一，责任或决策的重要性。

一般说来，一项责任或者决策越重要，其利害得失对于团队或整个企业的影响越大，就越不可能被授权给下属。

第二，任务的复杂性。

任务越复杂，管理者本人就越难以获得充分的信息并作出有效的决策。如果复杂的任务对专业知识的要求很高，那么与此项工作有关的决策应该授权给掌握必要技术知识的人来做。

第三，组织文化。

如果组织里有这样的传统或者说背景，即管理层对下属十分信任，那么就可能会出现较高程度的授权。如果上级不相信下属的能力，则授权就会变得十分勉强。

第四，下属的能力或才干。

这可以说是最重要的一个因素。授权要求下属具备一定的技术和能力。如果下属缺乏某项工作的必要能力，则管理者在授权时就要慎重。

克林将军告诉我们，作为一名伟大的将军，他的成功有很大一部分来自有效的分工带来的"简单管理"。"我对很多方面都放任不管。"这就给了他的部下很大的自由空间去决策。

每一个管理者都应该深刻地领悟到此言的含义：授权予下，不仅可以使你从繁忙的工作当中解脱出来，更可以增强下属的工作积极性。这种一举两得的事情，是每名管理者都应学会去做的。

放权方可释放权力的效力

从表面形式上看，管理是上级对下级的一种权力运用，但是如果简单地这样理解，那就错了，因为现代管理不是权力专制的表现，而是权力调控的表现。

权力是一种管理力量，权力的运用则是有法度的，而不能是公司管理者个人欲望的自我膨胀。因此一个高明的管理者，首先要明白这一点：自己的工作是管理，而不是专制；也就是说，管理者不是监工，因为监工即是专权的化身。把自己当作监工，往往大权独揽，把所有的员工都看成是为自己服务的，这样的管理者，永远成不了好领导；或者说，监工式的管理已经与现代公司"以人为本"的思想相去甚远。也许监工式的管理一时有用，但不可能时时有用。牢记这一点，"以人为本"的管理会对公司领导的用人方式带来益处，至少不会遭致员工的心理抗拒，容易使双方形成平等、融洽的人际关系，从而创造一种良好的工作气氛。

从另一方面讲，手中有了权力才有工作的能力，这是一条颠扑不破的真理。士兵有了开枪的权力，才能奋勇杀敌；推销员有了选择客户的权力，才能卖出货物。如果管理者把这些权力死死地握在手中，而不将其授予员工，那么这些权力的效力也就无法得到释放。

放些权力下去，才能收些人心上来，其实这是一个很简单的道理，也是一种等价交换。

对一个管理者而言，彻底改变监工身份，有时候并不是简单说说而已。这种观念的转变，要靠自己的实际工作来体现，真正做到由专权到放权的角色转换。切忌误以为专权就是手握大权，放权就是失权，相反，放权能够有效释放权力的应有效力，赢得员工的诚信，使员工更加尊重你的权力，而使你的权力从本质上更有效应；而专权只能迫使员工表面服从，却得不了人心。

通过分权和授权能够充分发挥员工的主观能动性，调动员工的积极性和创造性，提高工作效率。当然，管理者指派员工去做某项工作之后也不能不管不问，在适当的时候询问员工一些问题，可以防止他偏离目标。例如，问他是否需要协助、工作进度如何、是否遇到困难等。管理者应站在客观的立场上评价员工的工作，并鼓励他们大胆去做。

现代公司主张"把监工赶出权力层"的说法，就是对专权与放权关系的精辟概括。每一位有志于公司管理革命的管理者，都应当深刻领会这一理念的意义。

有效授权必须经过充分准备

有效授权是贯彻分层管理原则的需要，也是管理抓大事管全局的需要，同时也是调动起部属积极性的需要，它能让员工感受到启动自己智慧的快乐，而不是限死在一个固定的圈子里做枯燥的重复的事情。

但授权并不是一件简单的事,要想让授权达到理想的效果,必须经过充分的准备。凡事预则立,不预则废。即使你已经下定了授权的决心,也不要轻举妄动。兵法云:"大军未动,粮草先行。"就是指在行动之前,要先做好准备工作。授权予下绝不是简单地把工作和权力交给员工,而必须要经过周密考虑、精心准备,以免出现差错。那么,具体该怎么准备呢?

总的来说,管理者在实施授权之前,至少应做好下面四种准备。

(1)培育授权气氛

要让员工充分地意识到,组织在经历一次变革,这次变革将要带来的,不仅是一些细微的变化,而是组织的全面改变:人际关系、决策方式、工作方式的深刻变化。所以,管理者需要在待授权的组织内创造一种适于授权的气氛。

管理者此时的角色是实施各项授权前奏活动,倡导组织内部的改变。授权也许会遇到一些障碍,但作为管理者,必须积极地倡导授权,不能因受到组织现行机制的围困而气馁不振。作为管理者,你的远见与魅力正是对于弱小而有生命力的事物抱着坚定而乐观的信念,并以热烈的情绪去感召下属,促成管理的变革。

(2)选取授权任务

在正式开始授权之前,管理者要做的一个重要工作是对必须完成的任务按照责任的大小,进行分类排队,不同类的工作对应不同的授权要求,你得到的结果应当是一张"授权工作清单"。

①必须授权的工作。这类工作你本不该亲自去做,它们之所以至今留在你的手中,只是因为你久而久之习惯去做;或是你特别喜欢,不愿交给别人去做。这类工作授权的风险最低,即使出现某些失误,也不会影响大局。

②应该授权的工作。这类工作总体上是一些部属完全能够胜任的例行的日常公务,员工们对此有兴趣,觉得有意思或有挑战性,而你却一直由

于疏忽或其他原因而没有交给他们去做。

③可以授权的工作。这类工作往往具有一定难度和挑战性,要求员工具有相当的知识和技能才能胜任,你由于不放心而长期躬亲为之。事实上,只要你在授权之外,特别注意为受权的部属提供完成工作所需的训练和指导,把这类工作交给下属,可以有机会让他们提高自己的才能。

④不能授权的工作。每个组织的工作之中,总有一些工作关系到组织的前途、命运、声誉,直接影响你的业务拓展,这类工作一旦失误将要付出沉重的代价;或者这类工作除非你本人亲为,否则无法完成,这类工作是不可授权的,必经你亲手为之。

(3) 任务标准化

我们经常能听到授权受挫的管理者这样抱怨他的下属:"当我把工作交给他们去做时,他们总是频繁地回来请示这该怎么做,那该怎么做。"

"我告诉他事情是这样的,他却似乎难以理解。"

"他们的工作报告总是不能令我满意,我总是不能得到期望的结果。"

出现这样的结果是因为,这些管理者没有很好地理解,把一件工作留给自己做与交给下属做对这件工作本身的要求是不同的,你交给下属的任务必须是标准化了的任务,这种标准化的含义包括下面几点:

①任务是明确表述的,有清晰的目标与方向。

②任务完成的程序具有相对稳定的模式,完全没有思路的任务不适于授权。

③完成任务所需条件是相对明确的,任务完成者知道如何寻求配合和帮助。

④任务的完成有相对明确的评估标准,以确定任务完成的质量。

管理者将工作任务标准化,其意义远不止在于授权的需要,它对于公司的科学的管理提升具有非凡的意义,是公司走向正规化、走向成熟、走向制度管理而非管理者主观化管理的必经之途。

（4）准备承担责任

你已经下定决心实施授权，大量细碎的前期铺垫也已经完成，你即将跨越授权之门，但是，有一个问题你必须真正意识到，这就是：责任。

在实施授权之后，管理者的工作量减少了，但肩上的担子却不会因此而减轻，相反它只会加重。在实行授权之后，管理者不仅对尚未授权移出的职权负有全部责任，而且对于已经授权移出的职权也负有一定的责任。

作为管理者，你应懂得对下属人员授权和仍要对下属人员的最终行为承担责任是两回事。就如饭店经理必须依赖厨师搞好饮食供应，但经理仍要对饭店的饮食供应承担最终责任一样。如果接受职权的下属在工作中出现失误，这个失误必须同时记在管理者的账上，尤其是当涉及本公司、本部门之外的公司或部门时。这一点，对于管理者来说是十分重要的，而也只有做好了承担最终责任的准备，授权的大幕才能真正拉开。

信任是授权的精髓和支柱

信任产生的心态就是认可，管理者只有认可下属的才能并信任他，才可能给他权力。从授权的角度上来说，信任是授权的精髓和支柱，只有充分信任，才能有效授权。

一般的管理者不放心把权力委托给员工，这是出于"别人谁也不会像我自己做得那么好"的思想，或者是惧怕员工滥用权力，实质就是不信任自己的员工。

某杂志曾经以《你最不喜欢什么样的老板》为题向50位白领征询看法，结果收集上来一箩筐意见，历数老板的种种致命缺点。其中，骄傲自大，刚愎自用，不懂得充分授权和不信任员工被提到的次数最多，超过了对老板个人能力、公司管理各个方面，甚至员工个人利益。是的，没有信任，又何谈授权？一些管理者表面上是把权授出去了，可是仍事事监控，或者关键的地方不肯放手，这都是不信任的表现，如此的授权又有什么实质的意义呢？

要知道，不被信任，会让员工感到不自信，不自信就会使他们感觉自己不会成功，进而感到自己被轻视或抛弃，从而产生愤怒、厌烦等不良的抵触情绪，甚至把自己的本职工作也"晾在一旁"。相反，在信任中授权对员工来说，是一件非常快乐而富有吸引力的事，它极大地满足了员工内心的成功欲望，因受到信任而自信无比，灵感迸发，工作积极性骤增。

本田第二任社长河岛决定进入美国办厂时，企业内预先设立了筹备委员会，聚集了来自人事、生产、资本三个专门委员会中最有才干的人员。作出决策的是河岛，而制定具体方案的是员工，河岛不参加，他认为员工会做得比自己更好。比如，位于俄亥俄州的厂房基地，河岛一次也没有去看过，这足以证明他充分授权给员工。当有人问河岛为何不赴美实地考察时，他说："我对美国不很熟悉。既然熟悉它的人觉得这块地最好，难道不该相信他的眼光吗？我又不是房地产商，也不是账房先生。"

本田的第三任社长久米在"城市"车开发中也充分显现了对员工的授权原则。"城市"开发小组的成员大多是20多岁的年轻人，有些董事担心地说："都交给这帮年轻人，没问题吧？""会不会弄出稀奇古怪的车来呢？"但久米对此根本不予理会，他大胆放手让这些年轻人去干。就这样，这些年轻技术员开发出的新车"城市"，车型高挑，打破了汽车必须呈流线型的"常规"。那些固步自封的董事又说："这车型太丑了，这样的汽车能卖得出去吗？"但久米坚信：如今的年轻人就是想要这样的车。果然，"城市"一上市，很快就在年轻人中风靡一时。

经营之神松下幸之助说："用他，就要信任他；不信任他，就不要用他。"所以，当企业管理者给下级授权时应当充分信任下级员工能担当此任。

郑松在一家中型计算机公司就职。一天，下班时郑松将自己拟好的销售计划塞在了经理办公室的门把手上，不久，他便被邀去说明情况。在他进门后，经理开门见山地说："计划写得不错，就是字体太潦草了。"郑松紧张的心情放松了下来，随即问道："这项计划是不是预算开支较大啊？要不我再与两个同事一起来修改修改，然后再向您汇报一下。"经理不等他说完便打断了他："费用问题对于我们公司来说是不大的，我看计划确实不错，你要有信心干好，那就去干吧，别让时机错过了！"

郑松先是吃了一惊，然后信心十足地拿起计划书离开了。大约两个月以后，他的销售计划取得了很大的成功，经理专门在会议上表扬了他，公司也给了他一定的奖励。由此可见，信任基础上的授权可以激发最强烈的动机，使人全力以赴。

当然，有些管理者之所以不信任员工，除了怕他们的能力不够之外，还怕他们在操作过程中出现失误，造成损失。但是如果没有失误又哪里会有进步呢？再说，人非圣贤，孰能无过？既然你决定授权给他，就要充分信任他，允许他犯错误。

一手缔造了宏碁集团的施振荣，2004年退休了，不过作为第一代创业者，他的接班人并不是自己那两位聪明能干的儿子，而是跟随自己多年的老部下王振堂，宏碁总经理还是一个意大利人。

施振荣的管理心得中很重要的一点就是信任员工、充分授权。他常说："企业要想做到代代相传，必定要建立在授权的基础上。再强势的领导人，总有照顾不到的角落，也会有离开的一天。但是在一个授权的企业，各主管已经充分了解公司文化，能够随时随地自主诠释企业文化，这样的企业才有生命力。"

对于公司员工，他的原则是给予信任、充分授权，即使他们工作做得慢、与自己方式不同，也绝不插手。他说："要忍受过错，把它看作成长必须要付出的代价。只要他犯的是无心之过，只要最终他赚的钱多于学费，你就没有理由吝于为他缴学费。你一插手，他失去机会和舞台，怎么能成长呢?"在这一氛围中,宏碁涌现了不少独当一面的人才,形成强大的后备队伍。

只有充分信任员工,才能进行有效授权。正如著名管理专家柯维曾精辟地说:"授权并信任才是有效的授权之道。"在实际工作中,一方面,员工希望获得上司的信任,被授予更多权力;另一方面,获得授权的员工,在被完全信任的情况下,才能拥有自主决策的权力,并能有效行使被授予的职权。反之,缺乏信任的授权,导致员工失去积极性,缺乏主动性的必然结果。当然,值得信任是信任的前提。找到那些值得你信任的员工,然后放手让他们去干吧。

授权需把握时机,注意细节

古语有"不到火候不揭锅"之言,现代又有"细节决定成败"之励,授权同样需要这两点。

一位决心授权的管理者,在解决了以上这些授权的观念性问题之后,就要进入授权实战了。也许此时在你的脑海中已经形成一个授权的操作方案,现在要做的,是选择一个适当的时机,这个时机的选择对于授权的效果会有显著的影响。

这种时机既可能是一些特殊的事件发生时,也可能是一些司空见惯的现象再次出现时。把握这种时机,恰当地授予权力,能让部属切实感到授权之必要,或避免授权进入过程的生硬。

善于授权的管理者常在下列情形出现时授权:
①管理者需要进行计划和研究而总觉时间不够;
②管理者办公时间几乎全部在处理例行公事;
③管理者正在工作,频繁被员工的请示所打扰;
④员工因工作闲散而绩效低下;

⑤员工因不敢决策,而使自己的部门或企业错过赚钱或提高公众形象的良机;

⑥管理者因独揽大权而引起上下级关系不和睦;

⑦单位发生紧急情况而管理者不能分身处理;

⑧由于部门的业务扩展,需要成立新的管理层面。

授权的时机成熟后,就是你运用授权手段的时候,这时你应该注意到的便是授权的细节问题了。

在授权的过程中,存在许多细节,如果能对这些细节给予充分的注意,授权就会取得良好的效果。我们把这些细节归纳为以下七个要点。

(1)管理者心态的自我调适

许多管理者不敢把权力授予员工,这主要源于他内心对个人权威和职位缺乏安全感,源于其对授权缺乏领悟。决心实施授权的管理者首先必须进行心态的自我调适,勇敢地面对自己内心潜在的对授权的恐惧,建立起自信心。

(2)自上而下协调一致的授权

管理者应使自己控制的范围内,自上而下对授权有深刻理解,由你自己开始做起,一直推行到最基层。每一阶层的人员都应了解:为了企业、部门和全体员工的共同成长,你必须容许员工做决定。如有错误,亦应妥善处理。为了授权能够获得成功,你必须做好付出犯错误的代价的准备,并以此作为全体职员追求进步的成本支付。管理学家统计,假如允许新进的管理人员在低层次的管理工作中犯错误,则他们往往会在错误中学习,反而可以避免以后犯更大的错误;在数量上,后者的收益远大于前者的支出,对企业和员工来说,这是"双赢"的行为。

(3)训导受权者

授权不是一种单向的管理手段,而是管理者与员工之间的互助合作。授权行动只有同时得到受权者的认同,才能真正顺利推行,获得成功。事实上，授权正是训练员工的一个好方法，应该引导受权者认识到，接受授权是个人追求进步的一个过程；让他们了解到，这项权力和附带的责任，会使他们日后成为好的主管。受权不仅意味着接受了一份任务，更意味着得到了一个舞台，在这个舞台上，他的全部才华将得到充分展现，他得到了一个脱颖而出、受人瞩目的机会。

（4）让受权者明白要达到的效果

授权的管理者应该在员工前方树立一个具有诱惑力而又清晰可见的目标，让受权者明白上司期望的结果是怎样的。管理者应要求受权员工把行动计划写出来，让他们认清自己该如何达到预期效果，并需要哪些协助。通过这种形式，管理者可以确切地了解受权员工对期望绩效的认知程度。

（5）管理者应了解员工的能力

优秀的管理者不是依据员工的技术和现在表现出的能力来分派职务，而是以他们的工作动机和潜在能力来决定。许多管理者无法充分利用员工的潜能完成任务，这是很失败的管理，更是人才的浪费。管理者应时刻记住：员工是你最宝贵的财富，你没有理由不深入地了解你的员工。

（6）事先确立绩效评估的标准

管理者在授权的同时必须把绩效评估的标准定立出来并公之于众，这有利于协助员工和管理者双方适时地衡量工作的成果。在"以人为导向"的企业里，考核标准不是由管理者单方面制定的，而是由参与其事的所有工作成员共同协助制定出来的。

（7）管理者给予适时的帮助

授权的管理者对受权的员工负有的责任包括两个部分：其一是监督员工达到预期目标；其二便是在员工需要帮助的时候，及时提供协助。管理者在对企业政策的理解、信息的拥有量上占据优势。有效的授权会向受权者提供咨询、讨论及实时的各种协助，当然，你不应去干涉员工的具体行动方式。

英明的管理者做事无不恰到好处地把握住时机与细微之处。授权时机的选择和细节的关注，将会使授权者和受权者实现"双赢"的结果。

选好对象是成功授权的关键

授权的时候，最让管理者发愁的当是授权给谁的问题了。授权者当然都想授给一匹"千里马"，而不想授给一匹"病马"。

那么管理者应该把权力交到什么人手里呢？

（1）上司不在时能负起留守职责的人

有些部属在上司不在的时候，总是精神松懈，忘了应尽的责任。例如，下班铃一响就赶着回家；或是办公时间内借故外出，长时间不回。

按理，上司不在，部属就该负起留守的责任；当上司回来时，向他报告他不在时发生的事以及处理的经过。如果有代上司行使职权的事，就应该将它记录下来，事后提出详尽的报告。这样的下属是可以授权给他的。

（2）准备随时回答上司提问的人

当上司问及工作的方式、进行状况、今后的预测，或有关的数字时，他必须当场回答。

好多部属被问到这些问题的时候，还得向其他员工探问才能回答。这样的部属不但无法管理他的下级与工作，也难以成为管理者的辅佐人。可以被授权的部属必须已掌握职责范围内的全盘工作，在领导提到有关问题的时候，都能立刻回答才行。

（3）致力于消除上司误解的人

管理者并非圣贤，也会犯错误或是发生误解。事关工作方针或是工作方法，管理者有时也会判断错误。

管理者的误解往往波及部属晋升、加薪等问题。碰到这个情况，有能力的部属不会以一句"没办法"就放弃了事，他会竭力消除上司的这种误解。

（4）代表他负责的团队

对部属而言，他是所在团队的代表人，是夹在上司与员工之间的角色。从这个立场而言，部属必须做到：把上级的方针与命令彻底灌输给员工，尽其全力实现上级的方针与命令。随时关心员工的愿望，洞悉员工的不满，以员工利益代表人的身份，将他们的愿望和不满正确反映给上级，为实现员工的合理利益而努力。

夹在上级与员工之间，往往使部属觉得左右为难。但是，他务必冷静判断双方的立场，设法取得调和。

（5）向上司提出问题的人

高层管理者由于事务繁忙，平时很难直接掌握各种细节问题。因此，部属必须向上司提出所辖部门目前的问题，同时一并提出对策，供上司参考。

（6）忠实执行上司命令的人

一般说来，管理者下达的命令无论如何也要全力以赴，忠实执行。这是部属必须严守的一大原则。如果部属的意见与上司的意见相左，当然可以先陈述他的意见。陈述之后领导仍然不接受，就要服从上司的意见。

有些部属在自己的意见不被采纳时，抱着自暴自弃的态度去做事，这样的人没有资格成为上司的辅佐人。

（7）适时请求上级指示的人

部属不可以坐等上司的命令。他必须自觉做到请上司向自己发出命令，请上司对自己的工作作出指示。适时积极求教，才算是聪明能干的下属。

（8）作上司的代办人

接受权力的部属必须是上司的代办人。纵然上司的见解与自己的见解不同，上司一旦有新决定，部属就要把这个决定当作自己的决定，向员工

（9）知道自己权限的人

绝不能混淆职责界限。如果发生某种问题，而且又是自己权限之外的事，就不能拖拖拉拉，应该立刻向上司请示。越过顶头上司与更高一级领导交涉、协调，等于把上司架空，也破坏了命令系统，应该列为禁忌。非得越级与上级联络、协调的时候，原则上也要先跟顶头上司打个招呼，获得认可。能做到这一点的人，才可以授权给他。

（10）向上司报告自己解决问题的人

接受权力的部属，自己处理好的问题如果不向上司报告，往往使上司不了解实情，作出错误的判断或是在会议上出洋相。

当然，不少事情无须一一向上司报告。但是，原则上可称之为"问题""事件"的事情，还是要向上司提出报告。

报告的时机因其重要程度的不同而有所区别。重要的事，必须即刻提出报告，至于次要的或属日常性事务，可以在一天的工作告终之时，提出扼要的报告。

（11）勇于承担责任的人

有些部属在自己负责的工作发生错失或延误的时候，总是找出许多的理由。这种将责任推卸得一干二净的人，实在不能授权给他。

部属负责的工作，可说是由上司赋予全责，不管原因何在，部属必须为错失负起全责。他顶多只能对上司说一声："是我领导不力，督促不够。"如果上司问起错失的原因，必须据实说明，而不是找一大堆借口辩解。有些部属在上司指出缺点的时候，总是把责任推到他的下级身上，说："那是某某干的好事。"把责任推给下级，并不能免除他的责任。一个受权的部属必须有"功归部属，失败由我负全责"的胸怀与度量才行。

（12）提供情报给上司的人

部属与外界人士、其他员工等接触的过程中会接触各种各样的情报。

这些情报有些是对公司不利的，部属必须把这些情报谨记在心，并把它提供给管理者。

向领导作某种说明或报告的时候，有些部属习惯于把它说得有利。如此一来，极易让领导出现判断偏差。尤其是涉及到其他部门，或是必须由领导作出某种决定的事，诚实可靠的部属在说明报告时必然遵守如下的原则：既不偏于一方，又要从大局出发，扼要陈述。

（13）不是事事请示的人

遇到稍有例外的事、员工稍有错失或者旁人看来极琐碎的事，也都一一搬到上司面前去请示，这样的部属令人不禁要问：授权给他到底和不授权有什么区别？

能干的部属对领导没有过多的依赖。事事请求不但增加了领导的负担，部属本身也很难成长。如果他拥有执行工作所需的权限，就必须在不逾越权限的情况下，凭自己的判断把分内的事处理得干净利落。这样的人才值得管理者把权力交给他。

管理者要警惕的一点是，不要让那些削尖脑袋、投机钻营的人骗取权力，以达到其不可告人的目的。如果想要授权"高效多产"，其成员必须要经过精挑细选。

"地位"可有效调动员工热情

现代管理，就是以人为中心的管理；一切管理的好坏，都是人所创造、影响与决定的。无论何时何地，人们都希望有自己的地位。让那些优秀的员工担当重一些的责任，哪怕只是个小主管，他也会觉得已确立了自己的地位，干劲就会十足。

有许多基层的员工，虽然他们很优秀，但却很少考虑工作的整体，想休息时就不去上班；而一旦职位提升，反而会认为"工作第一"。许多基层员工总是对上司抱有敌对心理；而一旦赋予他某种责任，他反而会改变态度，热心督促属下工作。

当然，有时并没有那么多的职位可供安排，故只有退而求其次，可让他当个指导者，指导后进人员，或者干脆建立责任制度。比如，向来不管家中财务的人，一旦叫他管理财产，他反而会收敛贪玩个性，一改常态，专心负起重任来。人无论是在家中还是组织内，只要在团体中确立了地位，就会觉得责任感加重，有奋发向上的意念。

你也可对年资满一年以上的员工说："你们现在已是企业的中坚分子，工作纯熟，因此我需要你们来指导新员工。要知道，这是一项很重的工作，希望你们好好地干。"这些人一旦担任指导者，清楚了自己的地位，工作起来就格外有热忱。

由此看来，让员工确立位置并非一定要赋予某种实实在在的地位。只要在感觉上，让他感到有人依赖他、信任他，使他感觉自己俨然是位经验老到的人，就可以使其自认已确立地位了。也就是说，只要让他专门负责某件事，使其独当一面，就会达到这种效果。

地位不仅仅是一份更得体的薪水和一张更宽阔的办公桌，为了地位，很多人也不会在乎为了工作而长期加班。地位表明的是一种认可，一种身份。身份变迁，直接关系一个人的荣辱兴衰，决定着其积极性的涨落。当一个职业经理人被邀请参加只有经理人才能参加的俱乐部时，他会体会到比获得薪水还要开心的感觉；当一个管理者成功地率领团队取得了公司销售竞赛的第一名时，他的奖金不一定比某些金牌销售员高，但他却表现出无限的沉醉。

正如我们刚刚提到的，地位当然不仅仅是职位，地位应该是一种认可，是一种荣誉和一种尊敬，它带来的是满足与责任。

事实证明，象征地位的头衔即使没有实在的权力，也能刺激人，能鼓励人们更加努力地工作，也能赢得人们的忠心和热诚。

30个不同行业的工会的倡导者、美国劳工协会的缔造者塞缪尔·冈珀斯，他在刚刚开始开展工作时，感觉十分艰难。工人们大部分都是毫无组织的，而当时他既没有钱，又得不到足够的外界帮助。

有一天，他灵机一动想出了一个计划。他自己创造设立了一个"民间委任状"，授予那些愿意组织工会的人。在一年中，以这种方式被委任的人就有80人之多。美国劳工协会会员的数目从此开始激增。

没有几个领袖能比拿破仑更清楚"地位"的价值了，也没有人比他更能明了人类对于这种极具诱惑力的东西的渴望是多么的迫切。为了使那些拥护他的人都能牢固地团结在他新创的帝位之下，拿破仑对赏赐毫不吝惜，创立并封赐了许多崇高的头衔和荣誉。他创制了一种勋章，并且立刻将1500个以上的十字勋章授予他的臣民；他重新启用了法兰西陆军上将的官衔，将这一高位封赠给了18位将官；他同时给优异的士兵授予"大军"的光荣头衔。很多头衔尽管是虚的，但它们仍然具有非常特殊的功效。

给个头衔，给个位置，对人的影响是非常大的。这个小小的"授权"技巧，能给管理者的工作带来很大的动力，其作用是不可小视的。

合理监控与大胆授权同等重要

授权就像放风筝，既要放，又要有线牵。光牵不放，飞不起来；光放不牵，风筝或飞不起来，或飞上天失控，并最终会栽到地上。只有倚风顺势边放边牵，放牵得当，才能放得高、放得持久。风筝线的韧性足够好，才可能随时将风筝收回，否则，不是放出去了收不回来，就是收回来后又不敢再放出去，则放风筝的乐趣全无。所以，管理者在下放权力的过程中一定要有一条可靠的"风筝线"，这条"线"就是足够的控制力，不要超出了自己力所能及的控制范围，要使授权与合理监控结合起来。

如何做到既充分授权又不失控制呢？下面几点颇为重要。

（1）牢牢把握不可下放的权力

有些权力是管理者必须牢牢把握的，切不可下放，否则，只会让自己处于不利地位。比如：

①人事任免权。特别是对直接下属和关键岗位的人事任免权，管理者必须保留。而且通常来说，人事方面（评估、晋升或者开除）的决定是很敏感的，而且往往难以做决定。

②关系协调权。管理者必须保留对直接下属之间相互关系的协调权。协调下属之间的关系是非常重要的，也是其他下属所不能替代的。

③机密的事务。分析你公司里工作的分类和薪级范围看上去很花时间，这似乎是首先可授权的工作。但由于牵涉到很多的利益，所以应该是管理者自己去做，不适合授权。

④培养直接下属。作为一名管理者，培养你的直接下属不仅有利于你的工作的展开，而且也是你的职责。

你的下属应该在他们的成长和发展过程中得到你的帮助，他们依赖你的经验、你的判断来辨别对他们成长有帮助的工作。这不是你该授权的工作，虽然你可以从他人那里得到一些帮助，但这是你的职责。

⑤危机问题。危机总会不可避免地发生，假如发生危机，管理者应亲自坐镇，制定应对方案，很多事都应该亲力亲为，这不是你该授权的时刻。当处于危机的时候，要保证自己在现场起一个领头的作用。这样，有利于稳定人心，避免事态进一步恶化，为解决问题赢得宝贵的时间。

（2）评价授权风险

每次授权前，管理者都应评价它的风险。如果可能产生的弊害大大超过可能带来的收益，那就不予授权。如果可能产生的问题是由于管理者本身原因所致，则应主动校正自己的行为。当然，管理者不应一味追求平稳保险，一般来说，任何一项授权的潜在收益都和潜在风险并存，且成正比例，风险越大，收益也越大。

（3）命令追踪

有些管理者在授权之后，常常忘记自己发出的指令，而对于已发出的命令进行追踪是确保命令顺利执行的最有效方法之一。

命令追踪的方式有两种：第一种，管理者在发布授权指令后的一定时期，亲自观察命令执行的状况；第二种，管理者在发布授权指令的同时与下属商定，命令下达后，下属应当定期呈报命令执行状况的说明。

在进行命令追踪时，管理者必须明确追踪的目的在于：

①控制命令是否按原定的计划执行；

②考虑有无足以妨碍命令贯彻的意外情况出现；

③考核下属执行命令的效率；

④反思、检讨本人下达命令的技巧，以便下次改进命令下达的方式。

基于这样的目的，高明的管理者在命令追踪中，会把目光集中于：

①下属完成任务的质与量；

②工作进度和工作态度；

③下属是否有发挥创造性的余地；

④命令是否是合适的，有无必要对命令本身作出修正，或下达新命令取而代之；

⑤下属是否确切地了解命令的含义，并按命令的精神完成任务。

（4）监督进度

授权使管理者的控制发生了微妙的变化，因为授权，管理者对工作及局面的控制实际上是退后了，这反而使控制在授权中的地位得以凸显；而且必须使自己的控制技巧更加高明，才不至于使工作陷入失控状态；同时，因为授权，管理者得以从具体繁琐的事务性工作中腾出时间来，其中的一部分将被用来命令追踪和监督委派出去的工作，这几乎成为管理者对这些工作负责的惟一有效的形式。

一个优秀的管理者会根据授权,对自己的控制技术做细致的挑选和改造,以适应授权这种特殊的管理形式。

授权中的控制技术包含:

①监督工作进展,尽量避免干涉下属的具体工作;

②以适当的方式提出意见或提醒;

③确认绩效,兑现奖惩。

对于出色的工作要给予充分的鼓励,对于不足的工作提出意见。精神推动如果结合物质奖惩,效果会更好。

(5)尽量减少反向授权

下属将自己应该完成的工作交给管理者去做,叫做反向授权,或者叫倒授权。发生反向授权的原因一般是:下属不愿冒风险,怕挨批评,缺乏信心,或者由于管理者本身"来者不拒"。除去特殊情况,管理者不能允许反向授权。解决反向授权的最好办法是在同下属谈工作时,让其把困难想得多一些、细一些,必要时,管理者可以帮助下属提出解决问题的方案。

(6)审查并改进授权的技巧

尽管有些企业的管理者也实行了授权,但是,由于他们没有正确掌握授权方法,没有按照授权的基本程序去授权(或是未能选准授权对象;或是授意不明;或是忽视必要的追踪检查等),因此,效果并不见佳。可见,实行有效的授权,掌握正确的方法也是十分必要的。不掌握正确的方法,而要想取得好的效果,是绝对不可能的。因此,管理者需要不断学习授权技巧,并在授权的过程中注意审查和改进自己的授权技巧,不断提高自己的授权能力。

权力是一把"双刃剑",用得好,则披荆斩棘无往不利;用得不好,则伤人害己还误事。成功的管理者不仅应是授权高手,更应是控权的高手。无数事实证明，管理者超脱一切，任何事都不闻不问就能轻松自如地驾驭员工、把工作做好是不可能的。正确的做法是：在保证合理监控和牵制的前提下，将不必由自己掌握的权力交给下属，这样才算真正领悟了授权的实质。

权力与责任必须平衡对等

下属履行其职责必须要有相应的权力，但同时，授予下属一定的权力时必须使其负担相应的责任，有责无权不能有效地开展工作；反之，有权无责会导致不负责地滥用权力。责大于权，不利于激发下属的工作热情，即使处理职责范围内的问题，也需要层层请示，势必影响工作效率；权大于责，又可能会使下属不恰当地滥用权力，最终会增加领导干部管理和控制的难度。

因此，管理者在授权时一定要向被授权者明确交代所授权事项的责任范围、完成标准和权力范围，让他们清楚地知道自己有什么样的权力，有多大的权力，同时要承担什么样的责任。

总的来说，要实现权力与责任平衡对等，使授权和"授责"达到最佳效果，应灵活掌握以下基本原则。

（1）明确

授权时，必须向被授权者明确所授事项的责任、目标及权力范围，让他们知道自己对什么人和事有管辖权和利用权，对什么样的结果负责及责任大小，使之在规定的范围内有最大限度的自主权。否则，被授权者在工作中摸不着边际，无所适从，势必贻误工作。

（2）员工参与

如果让员工参与授权的讨论过程，授权的效率会更高。首先，只有员工对自己的能力最了解，所以让他们自己选择工作任务可能会更有好处；

其次，在员工的参与过程中，员工会更好地理解自己的任务、责任和权力；最后，员工参与的过程是一个主动的过程，对于自己主动选择的工作员工自然会尽全力将它做好。

（3）适度

评价授权效果的一个重要因素是授权的程度。授权过少往往造成管理者的工作太多，员工的积极性受到挫伤；过多又会造成工作杂乱无章，甚至失去控制。授权要做到下授的权力刚好够他完成任务，不可无原则地放权。

（4）责权相符

权与责务必相统一，相对应。这不仅指有权力也有责任，而且指权力和责任应该对等。如果员工的职责大于他的权力，员工就要为自己一些力所不及的事情承担责任，自然会引起员工的不满；如果员工的职责小于他的权力，他就有条件用自己的权力去做职责以外的事情，从而引起管理上的混乱。

（5）要有分级控制

为了防止员工在工作中出现问题，对不同能力的员工要有不同的授权控制。能力较强的员工控制得可以少一些，能力较弱的员工控制力度可以大一些。并非想如何控制就能如何控制，为了保证员工能够正常工作，在进行授权时，就要明确控制点和控制方式，管理者只能采用事先确定的控制方式对控制点进行核查。当然，如果管理者发现员工的工作有明显的偏差，可以随时进行纠正，但这种例外的控制不应过于频繁。

（6）不可越级授权

越级授权是上层管理者把本来属于中间管理层的权力直接授予下级。这样做会造成中间管理层工作上的被动，扼杀他们的负责精神。所以，无论哪个层次的管理者，均不可将不属于自己权力范围内的事情授予下属，否则将导致机构混乱和争权夺利的严重后果。

（7）可控原则

授权不等于放任不管，授权以后的管理者仍必须保留适当的对下属的检查、监督、指导与控制的权力，以保证他们正确地行使职权，确保预期成果的圆满实现。权力既可授出去，也可以收回来。所有的授权都可以由授权者收回，职权的原始所有者不会因为把职权授予出去而因此永久地丧失了自己的权力。

管理者在授权时一定要注意权力与责任必须平衡对等，把权力和责任"捆绑"下放，做到权责相应。

第 07 章

好的愿景让管理事半功倍

树立共同愿景

有了个体的愿景，才有共同的愿景。对于企业文化建设而言也是如此。共同愿景的建立是在升华个人愿景的基础上发展起来的，这个基础包括了个人愿景，同时包括了忠于真相和创造性张力。

"前车之辙，后车之鉴"，是联想人在十多年来形成的心智模式。在硅谷、中关村，企业潮起潮落，联想却能置身于商战的潮头，其原因就是联想有和习俗不同的心智模式。"2010年进入世界500强"，这个共同愿景是联想人共同的结晶，有无限的创造力和驱动力，促进了联想企业文化的成熟。

总裁柳传志在说到人力资源管理的时候强调一个重要工作，就是建立一支稳定的、高素质的，对企业目标、企业文化有强烈认同感和归属感的员工队伍。企业文化认同对于维护整体、保持战斗力具有重要作用。因此，公司采取几种行之有效的措施来保证员工对企业文化的认同，在员工中形成共同愿景，增强企业的凝聚力。首先，新员工进入联想之后都要接受"模式培训"，深入了解联想的历史、现状，接受企业文化的熏陶。其次，联想人善于通过开会来统一思想，贯彻企业文化和经营理念、决策准则。通过这些朴素而行之有效的措施，联想已形成稳定的企业文化和一支稳固的核心员工队伍。

自创业之初，联想就抱定了"要把联想办成一个长久的、有规模的高技术企业"的信念，并逐渐为自己定下了更清晰的目标：到2010年力争进入世界500强。现在，这个目标已深深根植于每个联想员工的内心深处，它就像一盏明亮的灯，指引着全体联想员工奋勇前进。同时，柳传志也有着独特的魅力，能够把大家凝聚起来，指引大家向着目标前进。柳传志自己也曾说过：对于联想领导核心而言，最重要的工作是深刻理解市场运作的规律，认识企业管理的基本规律，并带动各层次的领导共同认识。建立共同愿景是联想企业文化建设的一个重要环节。

我们还需要注意的是，共同愿景并不是个人愿景或是部门愿景的单纯相加。从个人愿景上升到共同愿景还需一个过程。如果企业的发展仍旧停留在个人愿景的层面上，那么其简单相加反而会阻碍企业发展，不能形成一种统一的文化。

我们看到在很多企业，文化和信仰并没有从上而下地渗透，而是在不同的部门形成了不同的"文化"。每一个上司和主管完全按照自己的风格来确定部门的风格，并且都认为那是优秀的。而这些自认为优秀的结果是什么呢？

盖洛普曾经对一家零售企业做过一个员工工作环境的调查，结果在一项关于员工拥有的"设备和材料"的项目中，原本硬件完全一样的A店和B店却有34%的差异——这里的一切，包括硬件环境，都打上了经理的印记；而这些差异造成的结果就是绩效的差异，好的经理的部门文化，创造了好的绩效，不好的经理的部门文化则相反。

若各个部门都只按自己意愿建立不同的部门文化而未在公司整体上形成统一的文化，就只能使部门间产生很大的差异。

但凡伟大的公司，文化必定是单一的。但凡平庸的公司，都有各色花样的"上司文化""部门文化"。

因此，我们必须强调共同愿景的建立而非诸多个人愿景的简单相加。

不管怎么说，共同愿景应由个人愿景会聚而成，借着会聚个人愿景，共同愿景才能获得能量。有意建立共同愿景的企业，必须持续不断地鼓励员工激发自己的个人愿景，这也是企业文化中"以人为本"的思想。如果企业员工没有自己的愿景，那么他们所要求遵从的共同愿景就不会融合他们个人的意愿，这就丧失了建立共同愿景的初衷。同时要注意单有个人愿景是不行的，一定要有在此基础上形成的共同愿景。因为共同愿景有远比个人愿景大得多的创造性张力。

使个人愿景上升到共同愿景，就必须放弃由管理决策层来宣布这一共同愿景。原因是这样的，愿景通常是治标不治本的，而且不是由个人愿景会聚而成的，通常这样传统的由上至下的行政性指导易导致愿景的破产。

许多企业都是在领导人的独断专行中，导致了共同愿景的破灭，甚至走向崩塌。

最典型的莫过于大发明家，同时又是大企业家的爱迪生在晚年犯的错误，爱迪生面对自己一生中所获的一千多项发明专利，逐渐失去了进取心，变得骄傲自大，他甚至对自己的助手说："不要向我建议什么，因为你的想象力超脱不了我的思维。"结果是众叛亲离，爱迪生本人整日身陷于数不清的专利官司中，最终失去了自己一手创办的企业。

共同愿景不是员工在企业领导威逼下的服从意愿，而是组织内每个成员发自内心的愿景会聚的共同体。这就如同珊瑚虫们都在分泌石灰质，而这些行为有机地结合在一起，就形成了美丽的珊瑚。

从个人愿景上升到共同愿景，还有个十分经典的例子，那就是"敖包相会"。

一曲"敖包相会"使得内蒙古的敖包大名远扬。去过内蒙古你就会知道，原来此"敖包"并非是蒙古包，而是一种由大小石块堆积而成的圆形的实心的包状建筑物。"敖包"就是"堆"的意思。它通常建立在山顶、湖畔或者草原的醒目之处。据说围着敖包绕三圈，然后再捡三块石头丢到上面，就会得到神灵的庇佑；并且，每年农历六月举行的"祭敖包"宗教活动也是蒙古人最隆重的仪式之一。

然而经过考证，敖包先于神学的意义却是一种草原中的导向标志。按理说，建造路标是人人受益的事情，并且，牧民每次遇到路标时奉献几块石头也不是什么难事。然而，放牧时还要留意石块并要一路携带直到遇到路标，的确是件辛苦的活。更何况有那么多人贡献，某个人的几块石头也就无足轻重了。但是如果大家都这么想，那么路标的建设成本的分担就变得棘手了，谁都需要路标，但是谁都希望让别人去添砖加瓦，自己却坐享其成，最终好事难成。

聪明的蒙古人的解决方案让人拍案叫绝，他们赋予了功能性的路标以宗教的意义，让路过的每个人，都自觉地对发挥路标功能的敖包进行建设，在祈福中，完成自己的贡献。

更令人折服的是自然界中，珊瑚虫居然具有与之十分相似的智慧。而这许许多多又都是我们在企业文化建设中值得借鉴的。

文化和共同愿景的建立，也就如同这种宗教般的信仰，可以产生强大的执行动力。

用共同愿景来刺激员工

杰克·韦尔奇是一位强硬的公司愿景拥护者。在他的著作《杰克：在领导一个伟大的公司和伟大的民族中我所学到的东西》中，他是这样说的："每当我有了一种想运用到这个组织中去的观点或者信息的时候，我从来都说不够。我在每次会议和每次考察中都会一次又一次地对它进行重复。我总是觉得我必须说到极致，好让大量的人们理解并追随这种观点。"

韦尔奇说："领导人，像罗斯福、丘吉尔和里根等人，他们有办法激励一些有才干的人，让他们把事情做得更好。而管理者呢，总是在复杂事务的细节里打转，这些人在'进行管理'的同时，'把事情弄得复杂'。他们往往试图去控制和抑制，把大量的时间浪费在琐碎的细节上。"

在被问到"你如何确保自己成为一个不进行微观管理的梦想家式领导人"的时候，韦尔奇这样回答：

明文写下愿景。

避免深陷细枝末节。

雇用并提升那些最有能力将愿景转化为现实的人。

领导人——你可以从罗斯福、丘吉尔和里根中任选一人——清晰地说出如何可以将事情做得更好，以此激励手下。

韦尔奇是这样解释员工的力量和真正的领导艺术的：不可能有哪项业务能够离开替补席上的运动员。真正的领导艺术来自一个人的愿景的质量，以及此人激发他人尽情施展的能力。最好的经理人并不用威吓胁迫进行领导（"我是老板，你得照我说的去做"），他们通过感召他人产生施展抱负的愿望来领导（"这是我为我们的未来设置的愿景，这样做你就能帮助它成为现实"）。

比如，他的关键性文化创意"群策群力"计划，就是特别为确保每一名员工对企业应当如何运转都有发言权而设计的。通过引领员工为共同的目标奋斗，能有效地减少官僚主义、独断专行等阻碍员工才智发挥的障碍，为员工创造一个可以尽情施展的理想环境。

还有，20世纪80年代初，GE是一个工业革命时代遗留下来的庞然大物，韦尔奇坚信它一定可以成为市场上高价值的供应商，高效率运营的公司。为了达到这个愿景，韦尔奇不断加强公司的学习能力和适应变化的能力，从而推动了公司的改革，使GE成为了全球最成功的国际企业之一。

韦尔奇上任伊始，就提出数一数二的战略愿景。他说："我们要能够洞察到那些真正有前途的行业并加入其中，要在自己进入的每一个行业里做到数一数二的位置——无论是在精干、高效，还是成本控制、全球化经营方面。不这样做，80年代的公司将不会再出现在人们面前。我们必须做到数一数二，因为，如果我们对一项业务的长期竞争力没有有效的解决方案，那么终将有一天业务会陷入困境，这只不过是时间早晚的问题。"

韦尔奇认为GE的各项业务都要力争在市场占有率、竞争力上达到业界数一数二，否则就要处理掉。追求数一数二，这正是GE的新战略愿景。在此后的 20 年里，这一愿景就像一面旗帜，指引 GE 从当年的美国十强之一，变成世界第一；从当年的大而有些僵化的"超级油轮"，变成最具活力的企业——"会跳舞的大象"。

凡是成功的企业，都拥有一个激动人心的"共同愿景"：

通用电气"使世界更光明"。

IBM 公司"无论是一小步，还是一大步，都要带动人类的进步"。

苹果电脑公司"让每人拥有一台计算机"。

AT&T 公司"建立全球电话服务网"。

联想电脑公司"扛起民族微机工业的大旗"。

我们来看看福特公司是如何做的。一百多年前，亨利·福特说他的愿景是"使每一个人都拥有一辆汽车"。很多人认为他疯了。但是，当他离开这个世界时，福特的 T 型车在美国卖出了 1500 多万辆，他的梦想已在当今的美国社会完全实现。在他的墓碑上刻着这样一句话："在他来到这个世界时，人们骑着马；当他离开这个世界时，人们开着车。"

正是亨利·福特伟大的愿景激励着福特公司的员工，为着一个伟大的梦想而奋斗，使福特公司成为今天世界上第二大汽车公司，也造就了福特公司这一伟大的团队。

不问得到什么，只问贡献什么

21 世纪无疑是一个思想观念多元化发展的时代。在这样的时代应该谈论的不再是权力，而是责任和贡献，因为没有责任的权力根本不是权力，那是不负责任。说到权力时，每个人都应该负起责任，应该问"我该负什么责任？"或"你应该有什么贡献？"在以知识为基础的组织中，管理工作不是使每个人都成为老板，其任务是使每个人都成为贡献者。

杜拉克曾说过："赚钱不是目的，只是重要成果之一。"戴维·普卡德是 HP 公司创始人之一，他对企业存在的目的的诠释，可以说是对杜拉克事业理论的最好的阐释。他首先解释了公司为什么会存在。换句话说，国家或企业家为什么要办公司呢？赚钱！这一定是许多人的答案，其实这种认识是错误的。虽然赚钱是公司的重要成果之一，但是你只要进行更深的思考，就会发现办公司不仅仅为了赚钱。你必然会得出这样的结论，即：一批人走到一起来，并以公司的形式存在，以便能够集体地成就一番单靠自身力量不能成就的事业，也就是为社会作出贡献。这话听起来一点也不新鲜，但却是至关重要的。你为社会作出贡献，社会就会给你回报。

杜拉克有这样的观点："为赚钱办企业永远不如为贡献办企业的收益大。"其旨在说明：只知赚钱的企业得不到太多的利益，而肯为社会作贡献的企业却会深入人心，也因此会得到更多的利益。比如：高丽雅娜是韩国的三大化妆品王牌之一，是最年轻的一家。与另两家有六七十年历史的企业相比，高丽雅娜创业仅有短短的 10 年时间。韩国的另外近 200 家知名企业中，创业历程一般也都是在 35 年以上。高丽雅娜却从它诞生时的业界最末位，而在五年之内一跃而至前三位，十年内进入韩国企业 100 强。世界近 30 个国家和地区都有它的足迹，产品年销售额达 3 亿多美元。随着中国经济的稳定增长和加入 WTO，高丽雅娜已经把中国作为它最重要的海外市场。是什么原因让它迅速崛起的呢？其中最重要的一点就是它对社会的贡献。高丽雅娜将社会效益当作一项无形的资本，它一向热衷于公益事业，以追求幸福社会为宗旨。纳税是企业对社会贡献的首要体现，而高丽雅娜被韩国副总统授予"纳税模范企业"。

杜拉克还告诉人们："长远的利益肯定是较大的利益，而眼前的利益从来都是小利。"作贡献肯定是要付出，而付出时你不一定会马上有收益，然而长远来说你一定会获得更大的利益。高丽雅娜就是这样的公司，它长期提供研究基金给大学和医学院，与它们共同开发新原料；在环境保护方面更是不遗余力，严格按照废水、废气和废物的处理要求的标准去做，力求完美，甚至把环保标准提高到国家规定的 2～10 倍以上。例如，废水经过净化处理后，最终经金鱼饲养喷水池流向外界。高丽雅娜还把环境保护意识带到了中国。高丽雅娜在中国试营业阶段，剩下了价值 100 余万韩元的滞销过期商品，尽管质量仍有保障，但高丽雅娜却出资请中国当地环卫部门当场销毁，而并没有像某些厂商一样将过期商品廉价抛向市场。高丽雅娜长年为工厂周围近 300 名家境困难的小学生提供午餐费。在禁毒方面，仅一次就赞助约一亿韩元予以支持。高丽雅娜为社会作出的贡献太多了，这为它赢得了声誉，同时也为它带来了更高的利润。

高丽雅娜创办了韩国第一家化妆品博物馆，藏品 3000 件，并且免费参观；随着 2002 年销售额又上新台阶，高丽雅娜化妆品博物馆进行了二期扩建，继续免费对外开放。高丽雅娜在韩国能享有极高的社会声誉，还因为它分担了国家的负担，为 2 万多名女性提供了就业机会。能够就职于高丽雅娜是韩国女性的荣幸，为了提高综合素质，公司每年都派 300 多名员工出国培训。因此，高丽雅娜的每一次招聘会都会吸引很多仰慕者。

留意一下周围的企业界，你仍会发现一些对其他事情漠不关心，却只对金钱感兴趣的人。杜拉克说："管理工作不是使每个人都成为老板，其任务是使每个人都成为贡献者。一个重视贡献的人，为成果负责的人，不管他职位多卑微，他仍属于'高层管理者'。"作为管理者讲的是贡献多少，而不是利益大小。也许有好多人认为作贡献只是一种冠冕堂皇的说法，那么就换个角度来想：你之所以能够赚钱，就是因为你为世界创造了价值，而你换来的钱正是需要你所创造价值的人给予你的回报。你为社会创造了有用价值，那么你就为社会作出了贡献，你的贡献越多越大，收到的回报也就越多。

古人说："种瓜得瓜，种豆得豆。"每个人都知道这句话，也知道这句话的含义——付出了才有收获。但是人们却往往忽略这句话的含义。

总听有人说："只要老板提升我，我就不会上班时间睡觉了。"或者说："只要老板给我加薪，我就不会老是请假了。"这些话本身就是本末倒置。人们总是说如果老板怎么样我就会怎么样，就没想到如果自己做好了老板会怎样做。付出，才有收获。人一定要先去作贡献，不要妄想不劳而获。

也有人刚刚作了一点贡献，就希望能够得到回报，事实上，那也是不太可能的，就像我们播下种子一样，收获总是需要一个过程。你作贡献的时候应该只想付出，而不要急功近利。

还有人总抱怨："我做了那么多贡献，怎么就得不到回报？"贡献就是付出，付出不图回报，但付出必有回报。仍像你播下的种子一样，所有的种子中有多少能发芽？又有多少能被保留到最终健康成长收获时？抱怨的人除了盯着利益的回报外，又作了多少贡献？

诚然，企业需要利益，但潜藏在追逐利润背后的实际动力是一种要做一点事情的欲望，如生产一种产品或提供一种服务，总而言之是要做一点有价值的事情的欲望。所以作为管理者，一定要认识到：企业存在的真正目的是向公众提供某种独特的、有用的东西，从而为社会作出贡献。

管理需要建立预期

很多人都认为，在计划经济时代，企业员工缺乏激励，偷工减料，效率低下，因为都是吃大锅饭没有足够的动力；而在市场经济下，企业有赚取利润的驱动力，自然企业就会努力降低成本，提高效率以赚得更多的利润。实际上，即使在市场经济体制下，企业员工业并不都是个个勤奋，人人努力。一般的企业领导人采用的不过是古已有之的胡萝卜加大棒的方法来统驭下属。

管理学家孔兹对领导的界定是："领导可定义为影响力。它是影响他人，并使他们愿意为达成群体目标而努力的一种艺术或方法。这种观念可

第 07 章
好的愿景让管理事半功倍

以更扩大到不仅使他们愿意工作，同时也愿意热诚而有自信地工作。"其中最关键的理念是"影响他人使他们愿意为达成群体目标而努力"。管理者为了对组织的目的负责，达成企业"群体目标"，必然用一种艺术或方法去影响被领导者，使之愿意工作，甚至是热情而自信地工作。

对于下属来说，管理者的信用、权威必须要通过管理者长时间发给下属的各种信号与相互之间的良好交流才能达到。比如，一个民营企业的老总若要建立起良好的名誉，必须乐意给下属高出劳动力市场上一般的福利待遇，让下属认识到企业对员工的关心与认可。

权威本身也要具有伟大的人格、优良的品质和出众的才能。权威并不是脱离群众的，他也要采纳群众的意见。只有部属能尊重上司的权威，而上司也能采纳部属意见的公司，一切才可以顺利推动。

管理者与员工交流能够大大提高领导者建立信誉的能力。如果员工发现分享管理者的私人信息和代价很高的努力是值得而理性的，这种信任就是必不可少的。管理者若无法得到员工的尊敬，上下级之间就会相互猜疑，信息沟通极少。勇于尊敬员工以及敢于谈论他们自身缺点的领导者将赢得下属的尊重。一旦员工信任并尊敬一个管理者，真正的进步就成为可能。

管理者应该能够帮助员工建立对未来的预期。对未来的预期，是影响员工行为的重要因素。预期分为预期收益和风险，也就是员工这样做将来会有什么好处，同时这样做又可能面临的问题。这些将影响员工个人的策略，如员工是否会将精力真正地投入到企业的成长中。

有这样一个有趣的故事。一只绰号叫"无敌手"的猫打得老鼠溃不成军，最后老鼠几乎销声匿迹了。残存下来的几只老鼠躲在洞里不敢出来，几乎快要饿死。"无敌手"在这帮悲惨的老鼠看来，根本不是猫，而是一个恶魔。但是这位猫先生有个爱好：喜欢向异性献殷勤。

有一天，这只猫爬得又高又远去寻找相好的。就在它和相好的癫狂时，那些残存的老鼠来到了一个角落里，就当前的迫切问题召开了一个紧急会议。一只十分小心谨慎的老鼠担任会议主席，一开始它就建议必须尽快地在这只猫的脖子上系上一只铃铛。这样，当这只猫进攻时，铃声就可以报警，大伙儿就可以逃到地下躲藏起来。会议主席只有这么个主意，大伙儿也就同意了它的主张，因为它们都觉得再没有比这个主张更好的建议了。但问题是怎样把铃铛系上去。没有哪只老鼠愿意去系这个铃铛。到了最后，大伙儿就散了，什么也没做成。看来，给猫系上铃铛无疑是一个绝妙的主意，但对于一群已经被吓破胆的老鼠来说，这个主意意味着只是无法实施的美好梦想而已。在企业中，也是一样的道理。

对于一个管理者来说，应该本着务实的精神，制订切实可行的计划，让他的团队有一个可以实现的目标，而不是作出一个不可能实现的决定。同时管理者要对这个目标作出承诺。在承诺的同时，上下级之间要能够相互沟通，建立一个交流网络来寻求共同的价值观与信念。同时，管理者能够以身作则，以自己的个人行为作为员工学习的典范。

许多公司现在开始在一些社会议题上彼此互相合作，同时也通过一些公有与私有合伙关系的重组，以及制作各种保护环境、改善教育水准、发展提升医疗保健等计划来回馈社会。在这里，就有许多机会，可以吸引各行各业以及各层面的优秀分子的注意。

通过领导者自己与下属之间的"互动过程"，有效地协调了子系统之间的竞争与合作关系，树立了领导权威，促进了系统的有序化，这才是现代领导的本质所在。显然这种领导权威不是领导者个人素质的单独结果，而是领导者与下属双方相互作用的结果。这也是有别于传统的新理念。

员工的热情源自对企业未来的信心

盖房子的时候，建筑师把自己的想法具体地表现在蓝图上，再依照蓝

第07章
好的愿景让管理事半功倍

图完成建筑物。如果没有建筑师的具体规划就无法完成。同样的道理，企业在行动时也必须要有行动的蓝图，也就是精密的具体理想或目标。

人力资源管理的最佳境界就是把各个员工的理想、抱负与企业前途紧密地结合在一起，双方共同发展。员工认为企业有前途，才会留下来努力工作；相反的，如果员工对企业前途没有信心，就会产生一种前途未卜的恐惧心理，以及对业绩成长的忧虑。在这种心理影响下，员工就会表现为混日子、悲观消极、缺乏责任心和事业心，甚至整天想着跳槽。这样的心态，当然对员工个人的成长和企业的发展都极为不利。

要使员工对企业前途充满信心，就要让员工了解企业的优势和发展目标及企业的美好前景。员工看见了企业发展的蓝图和目标，才会主动地把个人的事业和企业的前途紧密地连在一起。

明确的企业发展目标是调动员工积极性的有效手段，员工越了解公司目标，归属感越强，公司就越有向心力。

不断地提出适合企业发展的目标，让员工对企业前途充满信心，是松下先生的重要激励谋略。早在1932年，松下幸之助在向企业员工演讲使命感的时候，曾经描绘了一个在250年内达成使命的愿景。其内容是，把250年分成10个时间段，第一个时间段的25年，再分成三期：第一期的10年是致力于建设的时代；第二期的10年继续建设，并努力活动，称"活动时代"；第三期的5年，一边继续活动，一边以这些建设的设施和活动的成果贡献于社会，称"贡献时代"。第一时间段以后的25年，是下一代继续努力的时代，同样要建设、活动、贡献。如此一代一代地传下去，直到第十个时间段，也就是250年以后，世间将不再有贫穷，而是变成一片繁荣富庶的乐土。

松下的这个规划，可以说是绝无仅有的，不仅在企业界未有先例，就是那些赫赫有名的政治改革家，也没有多少人有这样宏伟的规划。难能可贵的是，时至今日，可以说他的梦想正在一步一步地实现着。而更为现实的是，松下的这种规划让每个员工都拥有了灿烂辉煌的梦想，使员工对企业的前途充满了信心，从而提高了他们的工作热情和积极性，提高了工作效率，促进了企业的快速发展。其作用是不可估量的。

松下说过："经营者的重大责任之一，就是让员工拥有梦想，并指出努力的目标。否则，就没有资格当领导。"

也许有人会说，松下电器之所以能够把梦想变为现实，完全是因为松下电器公司的经营一直都很顺利的缘故，如果经营状态不那么理想，松下先生的目标就不可能实现。实际上，企业经营顺利时，需要制定远景目标，把企业做大做强；经营出现困难时，更需要制定改进目标，凝聚人气，走出困境。战后的松下电器公司正处于惨淡经营之中，但松下先生却不曾因此放弃为公司制定目标。由于目标明确，松下电器公司才能在很短时间内就走出困境，续写昔日的辉煌。

如果是以强权或权威来压制一个人，这个人做起事来就失去了真正的动力。抓住人的期待并予以具体化，使其为了实现这个具体化的期待而努力，这就赋予了他动力。因为具体化期待是能够实现的目标。善于激励人的管理者，能够将大家所期待的未来的愿景，着上艳丽的色彩。这愿景经过他的润饰后，就不再是微不足道的小事，而是形象生动的美好蓝图。大家对企业的未来充满了信心，热情自然高涨，士气自然高昂。

树立危机意识

青蛙在温水中之所以没有危机感，不在于它缺少危机意识，而在于它根本就没想到水真的会煮沸。

其实，许多企业如同沸水中的青蛙，危机隐患已经存在了，但是还以为形势一片大好呢！因此，在管理上营造危机意识，建设一种危机文化便显得尤为紧迫。

第07章
好的愿景让管理事半功倍

在企业里，领导者常常会采用末位淘汰制来营造危机。这样，每名员工都会努力工作，以求在考核的时候不被炒掉。

在海尔，流行的一句话是"今天工作不努力，明天努力找工作。"海尔为什么会有这种紧迫感呢？这还要归功于张瑞敏的"三工并存，动态转换"管理办法的实施。所谓"三工并存，动态转换"，是指全体员工分为优秀员工、合格员工、试用员工三种，分别享受不同的三工待遇（工龄补贴、工种补贴、分房加分），并根据工作业绩和贡献大小进行动态转换、全厂公布。公司内有一套完善的绩效考核制度，业绩突出者进行三工上转，试用员工转为合格员工，合格员工转为优秀员工；不符合条件的进行三工下转，甚至退到劳务市场、内部待岗。退到劳务市场的人员无论原先是何种工种均下转为试用员工，试用员工必须在单位内部劳务市场培训三个月方可重新上岗。同时，每月由各部门提报符合转换条件的员工到人力资源管理部门，并且填写三工转换建议表，然后由人力资源管理部门审核和最后公布。这样，员工逐步培养起"今天工作不努力，明天努力找工作"的职业意识，调动了工作积极性，一部分员工三工上转，成为优秀员工，在一定程度上实现了自我。

对于刚毕业的大学生，其典型的转换历程往往是这样安排的：首先到生产一线、市场一线等部门锻炼一年，在这当中，员工都是试用员工。见习期满后，由人力中心公布事业部所需人数及条件，本人根据实际情况选择岗位，如果经考核合格，则可以正式定岗，同时转为合格员工。在合格员工的基础上，历时三个月，如果为企业作出重大贡献、被评为标兵、获希望奖等，可以由部门填写三工转换建议表，并交到人力资源管理部门审核。审核合格后，发给当事人转换回音单，通知其已转为优秀员工，并在当月兑换待遇。通过三工转换，员工的工作表现被及时加以肯定，解决了员工在短时期内得不到升迁，积极性受到影响的问题。在海尔集团内部，三工的比例保持在 4：5：1，提升这种比例有助于保持员工的工作积极性，培养了员工的忠诚度。这个制度比较有效地解决了"铁饭碗"问题，增强了员工的危机感和进取精神，使企业不断激发出新的活力。在三工并存、动态转换的用工制度中，员工的使用全部实行公开招聘、公平竞争、择优聘用。

"三工并存"1993年7月在海尔刚实行时，是真正引起轩然大波的一场改革，人人心里都引起了极大震动。

"三工并存"要解决的是一个老、大、难问题。"老"指的是大锅饭体制时间太长，绵延40多年；"大"是说它牵扯每个在职员工的利益；"难"难在受许多条件制约而无处着手。政府官员和过去的厂长对此深感头疼，因为胆子再大、思想再解放也得找出一个具体可操作的办法。这就是在现行体制下如何建立激发员工工作积极性的机制问题，说白了就是打破"铁饭碗"的问题。

"铁饭碗"不打破行不行？不行。几乎每个海尔人都明白，按照传统人事制度，员工只好与企业共同消亡，但每个员工都不愿看到这样的结局。通过许多事情的证实和管理部门的大量解释，员工终于明白了"三工并存，动态转换"并不是置人于死地，而是让大家一起承担起把企业建设得更好的义务和责任。而且新的管理办法对老员工还有明确的保护措施：有10年工龄的员工不在辞退之列；对确有困难的老弱病残者，必须保护他们的利益。所以海尔员工都开始关心企业，努力实现海尔的目标。

建立这样严格的员工竞争机制，实行末位淘汰制，给员工们带来了危机意识，从而使公司更有挑战危机的信心。

铸造根深蒂固的企业文化理念

企业文化是推动企业发展的原动力。它对企业发展的目标、行为有导向功能，能有效地提高企业生产效率，对企业的个体也有强大的凝聚功能。优秀的企业文化可以改善员工的精神状态，熏陶出更多的具有自豪感和荣誉感的优秀员工。

那么如何建立优秀的企业文化呢？在我国有相当一部分管理者对于企业文化的认识存在误区。他们认为企业的文化就是自己的文化，自己设定一个什么样的文化、什么样的制度，员工就应该照葫芦画瓢。不管这个瓢是圆是扁，作为下属只管照样子画就对了。如果有什么异议那就是对领导的不忠，对企业的不忠，就该受到惩罚，甚至走人。

事实似乎也确实如此。长此以往，企业就形成了以老板文化为核心的奴化式的企业文化。在这样的企业里，把大家"凝聚"在一起的共同基础不是真正的精神内核，不是共同的愿景目标和价值观，而仅仅是薪水而已。

很难想象这样的企业文化能给企业带来多少凝聚力和创造力。没有了凝聚力的企业还能坚持多久？还能走多远？

正确的、优秀的企业文化应该得到全体员工的认同。而每个员工都应是企业文化的创造者、完善者和体现者，而不是被动的承受者。若企业文化仅仅停留在口头或者纸上，仅仅依靠严格的规章制度来强制员工遵守，不能称其为企业文化。

正确的企业文化能成为员工的自觉之物，形成一种强大的自然整合力。实际上，文化的根本标志就在于它的自动整合功能，它强大得无须再强调或者强制，它不知不觉地影响着每一个人的思想和精神，从而最终成为一种自觉的群体意识。只有达到这种程度，一个企业的价值理念体系才可能被称之为企业文化。

一位教官向一班学员讲课时，给学员出了一道题目："现在由你来领导本班，让大家全部自动走出室外，切记！要大家心甘情愿！"

第一位学员不知道怎么办才好，回到座位。

第二位学员对全班的学员说："教官要我命令你们都出去，听到没有？！"全班没有一个人走出室外。

第三位学员是这么做的:"大家都听好了,现在教室要打扫,请各位离开!"但仍然还有一部分人留在教室内,值日生在待命扫地。

第四位学员看了纸片上的题目一眼后,微笑着对大家说:"好了,各位,午餐时间到了,现在下课!"不出数秒钟,全教室的人都走光了。

让别人为自己做事,而且是心甘情愿,该怎么说、如何说,都是一门艺术。用权威来压人或者讲大道理来说服,都不会收到好的效果。只有将自己的目的和对方的意愿或者切身利益结合起来,才能得到双赢的结果。

一个企业如果没有和员工建立起共同的信念,谈何利益相关?但凡优秀的企业,都是通过确立共同的愿景,整合各类资源,牵引整个组织不断发展和壮大,引导成员通过组织目标的实现,实现个体目标的。

对于一个企业而言,要想让员工全心全意地热爱、信仰、遵从企业文化,最好的办法不是强制其全盘被动地接受,而是让他们参与进来。只有员工自己参与了,有关员工的切身利益、自身目标和企业的利益、愿景目标达成一致了,员工才会从心底到行动都接受、认同企业文化。

既然洗脑是权宜之计,那什么才是建立好的企业文化的正途呢?

建立良好的企业文化,首先要努力在企业和员工之间建立起一种长期的相互信任和相互依赖的关系。以长期雇用为出发点,以外部劳动力市场为依托,强调对员工个人能力的培养与开发,重视客观公正的绩效考核,注意公平合理性,强化企业与员工之间的互利合作意识以及一般员工的参与意识,才能得到员工的信任并最终留住员工。然后,在各项具体的人力资源管理政策与实践上,注意积极推动企业的文化建设。总体上,需要注意以下五点。

(1)树立"人高于一切"的价值观

企业在制定每一项人力资源管理政策和制度的时候,都必须树立"人高于一切"的价值观,并坚持将这一观念贯穿于企业的所有人力资源管理活动之中。企业及其管理人员必须承认,员工是企业最为重要的资产,他们不仅值得信任、需要被尊重和公平对待、能够参与决策，而且每个人都有自我成长和发挥全部潜力的内在动力。

（2）努力贯彻以价值观为基础的雇用政策

企业在招募和挑选新员工时就应当注意执行以价值观（符合企业文化要求的价值观）为标准的雇用政策。利用精心组织的面谈等手段判断和确定求职者的价值观（如追求卓越、合作精神等）与企业的主导价值观是否一致。

（3）为员工提供就业保障和相对公平合理的报酬

首先，企业尽量避免因外部原因随意解雇员工，从而为员工提供一种长期的工作机会。其次，企业为员工提供包括高于市场一般水平的工资奖金和额外福利在内的一整套报酬，并且使员工有机会分享企业的利润。这两个方面的内容都是要促使员工将自己看成是企业共同体中的一员。

（4）创造共同奋斗的价值观

通过工作组织形式的调整和参与管理，在员工中创造一种团结合作和共同奋斗的价值观。这包括：建立企业与员工进行双向沟通的正式渠道和员工参与管理的办法，确保员工受到公平对待，并切实保障雇员享有参与管理的机会。

（5）制订各种人力资源开发计划，努力满足员工的各种自我实现需要

不仅保证员工有机会在工作中充分发挥自己的技艺和能力，而且为员工个人提供长期发展的机会，注意从长期职业生涯的角度来帮助他们设计、实践个人的职业目标。为此，企业应致力于广泛运用工作轮换、在职及脱产培训、内部晋升、组织团队、绩效评价以及职业生涯设计等各种手段来帮助员工进行自我提高和自我发展。

通过建立正确有效的企业文化，可以构筑全体员工共同的价值观，进而改变落后的、消极的思维方式和工作模式。于是，文化的激励功能就能够发挥出来，进而就能转化成无往不胜的战斗力。

● 第 08 章 ●

成功的管理就是简单又轻松

耐克的成功法宝：虚拟经营

虚拟经营的专业解释有点晦涩难懂，这里省去不说。简单来讲，虚拟经营和"借鸡生蛋"有相通之处，也是借他人的资源，创造自己的利润。所不同的是，"借鸡生蛋"是把邻家的鸡借到你家里来养着，饲养工作由你全部承担，租借期间的收益也基本上都归你所有，你向邻居支付租金；而虚拟经营虽然也是借，但并不把邻家的鸡带回来养，比如外包经营，鸡依然让邻家养着，你只是把所需鸡蛋的规格、型号告诉邻居，让他定期提供成品鸡蛋给你，然后你再把鸡蛋拿去高价出售，你不向邻居支付租金，而是合同购买，你与邻居是利润共享关系。

相比之下，虚拟经营要比借鸡生蛋更省事，更简单。借鸡生蛋，你得养鸡，得建造鸡舍，得从事饲料购买、保管等诸类烦人的事，得管理劳工，还得忍受鸡粪的冲天臭气，而虚拟经营，将这些麻烦都留在了邻居家里。

虚而实之，实而虚之，这好像是古人兵书中的理念了，千百年后翻新一下，用在企业经营管理中，还真是效果奇佳。

说到虚拟经营，我们就不能不说到耐克，因为它是这一经营模式的典型，最具代表性。

耐克鞋名扬四海，家喻户晓，很多小青年甚至视拥有一双耐克鞋为骄傲。如果告诉你全世界没有一双耐克鞋是耐克公司生产的，你会感到惊讶吗？耐克公司从上到下，有近8000名员工，但其中没有一个是生产工人，而且，公司里也没有车间，没有一台制鞋设备。

耐克公司创建于1972年，刚开始的时候，公司小得可怜，实力很弱，资产只有1000美元，连办公楼都没有，随时有关门的可能，而它的对手，却是多家具有百年历史的强大制鞋商。但耐克公司后来居上，终于成为世界跨国公司，至1994年，年营业额就达到48亿美元，在1986—1996年期间，《财富》杂志推出全美1000家公司中，该公司排在前10位。

耐克何以发展得如此之快？

他们有一个成功法宝：虚拟经营。

耐克的8000人都在做什么呢？他们搞设计，在全世界物色制鞋商，让他们按设计的款式生产，生产好了就交给耐克公司去销售。

耐克公司的经营环节，少了生产这一环。他们坚持的理念是：只做自己最擅长的事情，把不擅长的交给别人去做。他们最擅长的是产品开发和市场推广，不擅长的是生产管理。于是，他们集中财力、物力和人力，做好产品开发和市场销售，把生产外包给别人。

这一理念，使耐克省下了建造工厂的钱，省下了买设备的钱，省下了工人工资，省下了生产管理人员的工资……工厂、设备、工人、生产管理等对于一个生产型企业来说，是少不了的，耐克以"借"的形式，实现了"一个都不能少"。走进耐克公司，你听不到机器的轰鸣声，但是，在地球上，有40多个国家的机器在昼夜不停地为耐克生产鞋子。

你知道自己的鞋子不是耐克生产的了，你能去状告耐克吗？当然不能，因为你不得不承认，你穿的耐克鞋确实是耐克公司的产品。

自己吃肉，就不能让别人啃骨头，这是一条商业法则，因为没有人愿意永远啃你扔的骨头。

生产，的确是一块硬骨头，厂房、设备、工人、环保、生产批文……鸡毛蒜皮的事情搅在一起，剪不断理还乱。而且，生产系统人员素质参差不齐，管理还是一项苦差。

但耐克把这块硬骨头丢给别人，并不意味着他们吃肉别人啃骨头，他们啃的也是硬骨头。产品开发决定着产品的先天素质，是创新劳动，做起来并不轻松；市场销售是掏人家的腰包，但又不能强掏强抢，得让消费者心甘情愿地自己掏出来，这是艺术劳动，做起来也难。

相比之下，生产是关起门来做事，按图纸生产，是依样画葫芦的死板活儿，不用动太多脑筋，也很少和陌生人打交道，用不着苦口婆心劝人家掏腰包。这块骨头比技术开发、市场推广两块硬骨头好啃得多。因为耐克最擅长产品开发和市场销售，他们就勇敢地拿起了这两块最硬的骨头。这是一件两全其美的事情，耐克不开动机器就实现了生产，而制造商再也不愁产品销路了。

啃你最擅长啃的那块骨头，这是最简单的制胜法则。

成功从借鸡生蛋开始

有人这样说过：如果你做针头线脑的小买卖，你可以自己攒够本钱，若是做大生意，就永远别想攒够本钱，而必须学会"敛财"，把别人的钱拿过来赚取自己的利润。市场经济发展到今天，靠勤劳致富的人，只能成小富，要成大富，必须动脑筋。实现原始积累的方式有多种，而最简单的方式是"借鸡生蛋"。

如你不懂得借鸡生蛋，从一只鸡仔养起，太费时，那不知要等到猴年马月才能有自己的鸡蛋，而且还得冒这样一种风险：有一天早上起床一看，养了多日的小鸡竟是公鸡，没法儿生蛋。而把邻家的大母鸡借来，一两天就可以拥有你自己的鸡蛋了。有借有还，不算缺德；给点租借费，花钱不多；好米好糠款待母鸡，鸡蛋算是你的劳动报酬，不存在占有他人财产的问题。

事实上，很多成功者成功的第一步，都是从借鸡生蛋开始的。

你可以一无所有，但你必须学会如何去借。

吉姆斯·林曾经是一个身无分文的人，可如今，他是华尔街有史以来发迹最快的传奇式人物，他旗下的LTV公司是美国最大的15家公司之一。

第08章
成功的管理就是简单又轻松

华尔街的人都知道，吉姆斯是靠别人的钱起家的，他本人也从来不回避这一点，因为这没什么不光彩的，反倒证明他智慧超人。吉姆斯·林创业始于他刚刚从部队退役的时候。那时，他有3000美元积蓄，他用这笔钱开了一家电气店，名为"林记电气行"。刚开始的时候，吉姆斯·林靠架设住宅电线维持生活，收入十分微薄。

20世纪40年代后期，建筑业出现繁荣趋势，他发现给办公大楼和工业建筑搞电气工程是一个赚钱的项目。他开始涉足非住宅建筑的电气工程，生意渐渐有了起色。到20世纪50年代初期，他的年营业额超过100万美元，林记电气行也改成了"林记工程行"。但由于他是独资经营，个人所得税相当高，除去税收，他还是所剩无几。他意识到应该成立一家公司，以减轻税负。当时，他想到了股份公司，这种公司在税收上好做手脚，而且可以发行股票圈钱。小小电机工程商要发行股票，这几乎有些可笑。但他通过努力，还是把工程行改成了林氏电机工程股份有限公司，并获准发行80万股的股票。

他本人持有公司50%股份，另外40万股以每股2.5美元发行，实际融得资金75万美元，他一下摆脱了资金困境，第一次用别人的钱办自己的事了。他用这笔钱中的一部分，买了另外一家电机工程建筑公司，公司规模因此扩大，股价迅速上涨，公司形象跟着大大提升。随着股价持续上涨，通过股票交易，他又买了一家电子公司，和先前买的一起并入他的股份公司。这次购并使股价再次上涨，这又为他购买阿提克电子公司创造了条件。购买阿提克后，他将公司更名为林氏—阿提克电子公司。

到20世纪50年代，吉姆斯已经是美国商界风云人物，引起了华尔街投资家们的关注。到1960年，他的净资产已经超过1000万美元。但这还只是起步。20世纪60年代后期，他又通过股票交易，不花一分钱现金，购买了一家大公司，然后，他将自己的公司改为林·迪姆柯电子公司。这时的吉姆斯，已经是华尔街的风云人物，并且有能力操纵股票了，他一举吞并了一家名为千斯·伏特的飞机和导弹制造公司，并将公司改名为林·迪姆柯·伏特股份有限公司，即LTV。

但这些"大手笔"相对于后来的行动，就显得算不上什么了。野心勃勃的吉姆斯·林看上了更大的公司，比LTV大两倍的威尔逊公司，他想来个小鱼吃大鱼。他先将LTV分成三家独立的公司：LTV航空公司、LTV电业公司和LTV林·阿提克公司。三家公司分别上市，母公司持有每家公司75%～80%的股份。在他的操纵下，三家子公司股价都急剧上升，母公司资产随之迅速增长，使他的小鱼吃大鱼计划具备了实施的条件。

威尔逊公司虽然很庞大，但股价偏低。吉姆斯经过分析，只需8000万美元，就可吞下这家庞大的企业。他当然不肯自己掏8000万美元去买，他用LTV公司的股票抵押，向银行贷了8000万美元，轻松吃掉了威尔逊公司。

吃是吃过来了，可背上8000万美元的债务总不是舒服的事情，他又不肯自己掏腰包去还。于是他又生出一条妙计：他先把8000万美元负债转到威尔逊公司账下（这是内部转账，很容易做到，也没有法律障碍），然后，他把威尔逊公司也一分为三：威尔逊肉类加工公司、威尔逊运输器材公司和威尔逊药材公司。每一家公司单独发行股票，母公司LTV持有这三家子公司大部分股权，其余的上市发行，发行所筹资金，差不多就把8000万美元债务解决了。

就在整个华尔街为吉姆斯·林的还钱高招目瞪口呆时，更精彩的事情发生了，威尔逊三家公司股价上涨，吉姆斯·林手中的威尔逊公司迅速增值，市值很快达到了他购买时的两倍。

此后，这个身高1.88米，体重近100千克，年龄50出头的家伙，不断使华尔街目瞪口呆，因为他总是有借别人钱发自己财的举动。

借鸡生蛋，功夫在一个"借"字上面。

希尔顿想到修建希尔顿饭店时，他只有10万美元，而总投资至少得100万美元。他当时看上的地皮属于一个叫劳得米克的人，光地皮费就得10万美元。但就在这时，希尔顿竟然对建筑商说："立即动工！"

希尔顿就是在"借"字上下功夫，他不买地，而是租赁，租期是99年，分期支付租金，每年3.1万美元。为了达到租地的目的，他与劳得米克约定好，如果他哪一天付不起租金了，劳得米克可以立即收回土地，土地上的建筑物也一并收回。劳得米克心想土地还是自己的，每年有进账，万一他停付租金，我还可以白捡一座饭店，条件太优惠了，于是表示同意。但希尔顿也不会凭空冒那么大的风险，他要求劳得米克将土地的抵押权给他。劳得米克也同意了。有了抵押权，他就有了向银行贷款的担保物。

希尔顿修建100万美元的饭店，他当时付了多少钱？只付了3.1万美元！

合作的目的是实现双赢

与人合作总是出于双赢的目的，如果因为合作而损伤自己，那就不值得了。所以选择合作伙伴时一定要谨慎。

松下公司在其成长过程中，有过许多合作者，松下在与这些企业的合作过程中，实现了双赢。

松下公司初期的合作有时存在慌不择人的情况，后来则要慎重得多。甚至慎重到近乎矜持了。和菲利浦的合作就是典型例子。

在第二次世界大战之后，松下电器一度十分红火。为了谋求更大的发展，松下决定引进国外先进技术。他两度到欧美考察，寻求合作伙伴。

就当时的情况而言，美国的技术比其他国家要先进一些，技术转让费也不算高，但在经过一番审慎考虑之后，松下先生还是选择荷兰的菲利浦作为合作伙伴。

松下之所以不选择美国公司,是因为有前车之鉴。在当时,有些日本公司与国外公司尤其是与美国公司合作,可是因为双方认识和了解不够,最后以失败告终。因此,松下在选择合作伙伴时,十分看重对方的经营风格和公司的品格。

当然,这并不是说美国公司有什么毛病,而是因为存在一种观念上的差距。在当时,美国很多公司采用这么一种做法,在合作过程中,如果是对方企业出了问题,他们概不负责。他们认为,只要他们自己严格履行了合约,就算是完成了合作,对于对方的经营,他们无义务援手和同情。

菲利浦公司却不同。虽然该公司也不断谋求与国外的合作,但他们绝不会草率地签个合约就了事。对于松下的合作意向,他们表现得相当审慎,在承诺合作之前,他们对松下电器的现状做了充分的调查了解,然后再作决定。他们的解释是:合作应该使双方受益,应该确保成功,不能贸然行事。当时,菲利浦已经和世界上48个国家的公司有着成功的合作。

菲利浦的这种谨慎品格和作风使松下先生大为感动,进而坚定了合作的信心。后来的事实证明,这次选择对双方都是非常成功的。

松下牵手菲利浦,堪称合作之典范。相比之下,现在很多企业在合作上面,就显得太幼稚了。为了搞到资金、技术或市场,很多企业饥不择食,只要是愿意合作的人,来者不拒。更有一些企业采取欺骗手段,设置圈套,为达目的不择手段。我们常常看到一些交流会上,有些企业拿着"虚构"的项目计划书或者可行性报告,吹得天花乱坠,其目的就一个:骗。

别人走过的路,不屑去走

虽然随着市场划分得越来越细,市场机会越来越少,但是机会总是存

第 08 章
成功的管理就是简单又轻松

在的,即使是大家都在做的项目,如果你能在方式上,或者服务上做得与他人不一样,你就可能获取他人无法获取的成功。

图书销售可是一个传统的,甚至称得上陈旧的行当了。看着满街大大小小的书店,如果我建议你去卖书,你很可能会摇头:"没机会啦,市场都让人占完了!"

可是,有一个人却不这么认为,他硬是在书店星罗棋布的地方又开了一家书店,只不过他走的路子是一条全新的路子——他是做网上销售。他就是世界上最大的网上书店亚马逊书店的创始人杰夫·贝索斯。

在贝索斯准备独自创业时,他正在一个令人羡慕的岗位上工作着,那是 1994 年,他担任着华尔街一家大公司的副总裁,掌管着 5000 亿美元的资产。这样一份好工作,可不是一般人能够舍弃的。当时,新兴的网络经济对贝索斯的诱惑,远远胜过高薪和现职,他毅然辞去了工作。

辞职后,他到了西雅图。虽然从事网络经济的大方向已经定下来,可是,具体经营什么他却还没有想好。于是,他认真地做了一份市场调研,列出了打算在网上销售的 20 种商品,并选出其中销售量最大的五种,这五种商品是:图书、CD、录像带、计算机硬件和软件。这个排列顺序让贝索斯决定做图书生意。

接下来,他又对当时的图书市场进行了调查研究,研究结果如下:

——图书是低价位的商品,还便于邮寄;

——全球图书多达 300 多万种,仅已出版的英语图书就有 150 万种,传统书店只能卖新书;

——美国图书零售业有 820 亿美元的市场容量。

更让贝索斯兴奋的是,图书行业处于分散状态,几乎每个行业都有零售巨头,而图书行业却还没有,最大的巴诺书店的市场占有率也只有 11%。他决定马上就开网络书店,并争取成为行业领头企业。

可是,开一家大型网络企业,需要一大笔资金,这笔资金从哪儿来呢？贝索斯四处筹款，从朋友那里筹集到了100万美元，父亲把养老的30万美元也给了他。130万美元也解决不了问题。后来，他又想到了寻找投资人。说干就干，贝索斯写了一份十分吸引人的发展计划，并拿着它逐个去游说可能投资的人。

历尽艰辛和冷眼，终于，在经过了很多的挫折之后，他看到了希望，KPCB投资公司的老板约翰·多尔以800万美元买下了亚马逊网上书店15%的股权。亨伯·温布莱特投资公司的老板亨伯·温布莱特也对他的网上图书销售事业十分感兴趣。最终，贝索斯开网络书店需要的巨额资金全部筹集齐了。

这个时候，贝索斯的竞争策略也成竹于胸了：

——图书品种齐全；

——最实惠的价格；

——最便利的服务；

——最快的速度（购买处理速度和送货上门速度）。

1995年7月，贝索斯创办的亚马逊网上书店如期开张。该书店能够提供110万种图书，而当时美国最大的图书连锁书店巴诺书店也只能提供17万种。

在亚马逊网络书店里，每一种商品都有"定价""特价""您节省多少钱"的字句，并且，读者可以货比三家，只要点击一下，就可以看到所选择的图书在其他书店的价格。在网上购书十分方便，购书者选好自己想要的书，输入自己的账号、密码、地址，几秒钟过后，想要的书就买好了。第二天，甚至当天，书就会送到你的手上。这种全新的服务模式，立即吸引了大量的读者。

1998年12月，贝索斯作出一项新决定，他让出一部分网页空间给出版商们，让他们做新书的促销广告。但这一举动却引起了读者的强烈不满，读者担心一直坚持高标准的亚马逊会受到金钱的污染。

人们的反应让贝索斯震动了,第二天,他马上宣布停止用亚马逊的网页空间做广告,还同时宣布将执行"所有新书不满意退款"的政策。他向所有的顾客保证:"不管书籍是否被损坏,甚至个别读者恶意地撕破几页,只要你对书的内容不满意我们都将为你提供全额退款。"这样做需要多大的勇气和魄力啊!开始很多人对此都不理解,但是贝索斯还是坚持做到了,他的看法是:"在网络上,如果一个顾客觉得受到了冷落,那他将会告诉5000个人甚至更多。相反,如果每一个来这里的顾客都满意,他们将告诉千千万万的人。"现在,贝索斯的书店已经拥有顾客1400多万人,市值达到了300亿美元,一举击败了有120多年历史和1000多家连锁店的巴诺书店。

如果杰夫·贝索斯当年不是从网络出发,而是经营传统书店,肯定就不会有今天这样的成就,而最大的可能是在美国土地上增加一家不算大也不算小的书店罢了,要超过巴诺书店,几乎是不可能的事情。

很多人之所以不成功,是因为他一开始就顺着别人的思路前进,他们首先想到的是"别人是怎么做的",而不是"我应该有什么突破",他们最后的行动,也不过是跟在别人屁股后面,最多在别人的道路上做一点延伸。而成功者恰好相反,他们在看到别人做了什么的时候,更看到了别人没有做什么。别人走过的路,他们不屑于去走。

所以,你要想取得成功一定要走自己的路,不要去重复他人,无论他人是多么成功。

别把经验看得那么重

有一个人做了这样一个试验:他把狗鱼放在一个用玻璃隔开的鱼缸中,鱼缸的另一半养着一些小鱼,可望而不可即。

狗鱼饥饿难耐,为了吃到小鱼,它无数次想冲过去,可每次都撞在玻璃上，无法过去。终于，它明白了，自己无论如何，都是无法吃到那些小鱼的。

后来，那个人把玻璃从鱼缸中拿掉。这个时候，狗鱼完全可以游过去捕捉小鱼了，可经验告诉它：我吃不到那些小鱼，我也到不了那一边去。于是，它放弃了吃小鱼的念头，最终饿死了！

狗鱼的这种表现，被称作"狗鱼综合症"。我看还不如称作"经验综合症"来得通俗。别把经验看得那么重，当综合素质和经验会车时，应该素质先行，这是人才管理中的"交通规则"。

我们以大名鼎鼎的比尔·盖茨为例，他是什么级别的人物啊？他该是一个十分稳健的人，怎么可能起用毫无经验的门外汉呢？

事实上，他的确起用了门外汉，而且是成功起用。

IT行业硝烟弥漫，多少英雄满载而归，又有多少败者片甲不留。战火烧到1981年底，微软公司已经控制了PC的操作系统，成为当之无愧的英雄。在这个时候，比尔·盖茨决定进军应用软件领域。这个IT巨人雄心勃勃，他认定微软公司不仅能开发软件，还能成为一个具有零售营销能力的公司。

思路不错，可人呢？没有人去实施的思路，无异于空想。微软公司在软件开发方面不乏人才，然而，在市场营销方面却是人才相当匮乏。没有这方面的人才，不要说占领市场，就连门都进不了。比尔·盖茨看到了美好的前途，可没有人才，怎么可能把钱赚到手呢？

挖人是很多缺乏人才的企业的一贯做法，比尔·盖茨也用上了。经过一番搜索，他看上了肥皂大王尼多格拉公司的营销副总裁罗兰德·汉森。"汉森虽然是个营销专家，可是他在软件方面完全是个门外汉啊。"公司的高层管理人员对汉森很不放心，毕竟鼓捣肥皂和鼓捣计算机软件是风马牛不相及的事儿。

比尔·盖茨当然不是傻瓜，他看中的是汉森的综合素质，以及他在营

第 08 章
成功的管理就是简单又轻松

销方面的丰富知识和高超技能。让这样一个人从肥皂转型到软件上来，总比让一个对营销一窍不通的人现学营销来得更快，比尔·盖茨深信不疑。

费尽心思把汉森挖过来，比尔·盖茨让他坐上微软营销副总裁的位置，负责微软公司的营销工作。汉森来到公司的第一天，就给软件专家们上了一堂营销课：统一商标。这在营销学上叫统一品牌形象，是 CIS 的重要内容。在汉森的推动下，公司认识到了统一商标的重要性。公司决定，从此以后，所有微软的产品都要以"微软"为商标。于是，微软公司生产出的所有产品，都打出了"微软"的品牌。

汉森上任不久，"微软"品牌在美国、欧洲，甚至全世界，都成了家喻户晓的名牌。门外汉罗兰德·汉森，利用自己的营销知识和营销技能为微软成功地打开了市场，用铁的事实证明了比尔·盖茨用人的魄力。

因为综合素质到了相当的高度，罗兰德·汉森无论做肥皂还是做软件，都是成功的，营销技能在肥皂上面的应用和在软件上面的应用，原理都是一样的。

有一本畅销世界的管理书籍，叫做《让学历见鬼去吧》。看书名有点俗，像是某"抄书工作室"的产物。事实上，它出自索尼当家人盛田昭夫之手。

在这本书中，盛田昭夫说："我想把索尼公司所有人的人事档案都烧毁，以便在公司里杜绝任何学历和经验上的歧视。"烧毁档案！多么有创意的念头啊！

可是，偏偏有很多人非常看重档案。几乎在每一则招聘启事中间，我们都可以看到类似于"从事相关工作 × 年"的文字。经验成了敲门砖。甚至，很多虚构的"经验"也成了敲门砖。在美国人才市场，除非你找的是杰克·韦尔奇这类人才，否则你别想了解到应聘者真实的经验，因为有 80％的"简历"都是文学创作的结果。比如一个人要到通用电气应聘，他的简历上就会有在电气行业某企业工作若干年的记录；他要到福特公司去应聘，他的简历上就会有在汽车行业工作若干年的记录……那些经常找工作的人，他们的"工作经历"够得上写一百部长篇传记了。

重新定位，从根本上扭转局面

成功者为什么成功？是因为他能在消费者大脑中占有一席之地。失败者为什么失败？是因为他不能在消费者大脑中占有一席之地。

第一次世界大战把西方世界"人道、和平、博爱"的价值观碾得粉碎，使很多人失去了精神追求，他们成天心情沮丧，醉生梦死，逃避现实。

在当时的美国，嘴上叼着香烟几乎成为战后年轻人表达沮丧的一种流行方式，包括很多女青年。我们知道，香烟历来是大老爷们的专利品，尤其是劲道十足的雪茄，并不是一个红粉女郎享受得了的。

开发女士香烟被莫利普·莫里斯公司认为是一个千载难逢的机会，他们决心从女士的腰包里大捞一笔。很快，人们在各种媒体上频频地看到这样的广告：娇丽的女郎叼着香烟吞云吐雾。有幸被叼在她们嘴上的，就是莫利普·莫里斯公司的杰作：万宝路香烟。

那些广告，花了不少钱。公司里很多人为此感到不安，但经营层信心十足："大家不要担心，不出一年，万宝路一定会打开市场，到时候我们数钱还来不及哩！"

但事实上呢？1年，2年，10年，20年，万宝路的包装换了好几回，广告中的红粉佳人也换得更加靓丽，但不知道为什么，经营者们心目中的热销场面始终未曾出现。

这是为什么呢？

是质量不过关吗？万宝路在制作过程中，从选料到加工，始终把好质量关，选取优质的烟草，精心处理，万宝路是不折不扣的高品位香烟啊，绝对不会辜负姑娘们的红唇。

是价格太高吗？在美国国内的香烟市场上，万宝路的价格，对于大多数烟民来说都是可以接受的。

是宣传不到位吗？公司每年投入大量的钞票用于广告宣传，在同行业中广告费用支出水平已遥遥领先了。

在差不多 20 年时间里，莫利普·莫里斯公司的高层管理者们，一直在苦苦思索着万宝路受冷落的原因。20 年可不是一小段时间啊，很多企业整个寿命还不到这个数。20 年后的一天，公司一位高层管理人员极其偶然地闪过一个念头："是不是市场定位出现了问题呢？"他们当即请来广告策划专家，给万宝路把脉。一番望闻问切，专家也认为是定位出了问题，他当即指出，应该抛弃坚持了 20 年的广告定位，另起炉灶。一个宣传了 20 年的品牌要割舍，肯定是一件痛苦的事情，感情不说，仅钞票就让人心痛不已。但为了走出 20 年的低谷，公司经营层同意了专家的意见。

一个全新而又无比大胆的创意诞生了：以富有阳刚之气的美国男子汉形象来代替原来的娇俏女士。广告公司费了很大功夫，在西部一个偏僻的农场找到一个"最富男子汉气质"的牛仔，并让他出演万宝路广告主角。新广告于 1954 年推出，一问世即引起了烟民的狂热躁动。他们争相购买万宝路，要么叼在嘴上，要么夹在指尖，模仿那个硬汉的风格。万宝路的销售额也直线上升，新广告推出后的第一年，销售额就提高了 3 倍，一举成为全美十大香烟品牌之一。

莫利普·莫里斯公司最初只是一家小烟草商店，1847 年成立于伦敦邦德大街，经过 30 年的努力，发展成为一家小型烟草制造公司。1924 年，公司迁往美国里士满市。它真正大步前进，是在万宝路由女士香烟转型为男士香烟之后，并且依靠这一转型成为世界香烟销量第一的跨国公司。

方向错了，再怎么努力都无济于事，这是万宝路用教训换来的。

在很多经营者心目中，都存在"再走一步看"的想法，方向错了，再走一步岂不是错得更厉害？如果老是不能扭转局面，就不要再局限于小修小补了，而要从根本上去解决问题，比如从源头开始审视问题，重新定位。

为什么那么多人选择奔驰

为什么那么多人选择奔驰？原因很简单，因为奔驰真正做到了把顾客视为上帝。

1926年5月，82岁高龄的本茨专程拜访了92岁高龄的戴姆勒，两个老人达成合作协议，"戴姆勒马达制造厂"与"本茨发动机制造厂"合并，戴姆勒—本茨股份公司宣告成立，这就是我们通常翻译的"奔驰公司"（在中文中，这一翻译显然比"本茨汽车"更有意义）。

不久，因为年龄的关系，他们双双离开了公司，但戴姆勒对技术质量精益求精的精神与本茨的经营创新才华得到了完美的结合。他们不但为公司奠定了很好的生产、技术和人才的基础，还为公司贡献了绝无仅有的"三服务"经营战略。近半个世纪，奔驰就是靠着这个经营战略："保证满意的售前服务"、"无处不在的售后服务"和"领导潮流的创新服务"，不断发展壮大的。

（1）保证满意的售前服务

奔驰有140多个品种，3700多种型号，能满足用户任何不同的需要。奔驰600型高级轿车所做的广告是："如果有人发现奔驰车中途抛锚、发生故障，我们将赠送你1万美金。"这就是奔驰公司的"质量宣言"，何等自信啊！

（2）无处不在的售后服务

奔驰公司一直秉承的一条经营原则是：售前的承诺和奉承不如售后的无微不至、无处不在的服务。奔驰车的顾客都能感到毫无后顾之忧。在德国本土，奔驰公司就设有 1700 多个维修站，雇有 5.6 万人做保养和修理工作，在平均相隔不到 25 千米的公路上，你就可以找到一家奔驰车维修站。国外的维修点也很多：全欧洲 2700 多个，全世界 5000 多个。这又是何等气派啊！在这个世界上，很多公司敢于宣传"无微不至"的服务，但是有几个敢宣传"无处不在"啊？

（3）领导潮流的创新服务

这一条也不是虚构的。有一个故事，可以生动地说明这一点。

有一天，一个年轻人来到奔驰公司："我想买一辆小轿车。"

销售人员带他参观了陈列厅里 100 多种型号的小轿车，然后询问他的意见。

"没有其他颜色的车了吗？我想要一辆灰底黑边的轿车。"年轻人问。

销售员很吃惊："先生，很对不起，我们现在没有生产你说的那种车，这里有几十种颜色，你不重新考虑一下吗？"

那个年轻人很失望地走了。销售员想，这个人太挑剔了。

这件事很快被卡尔·本茨知道了，他对那个销售人员十分不满："像你这样做生意，只会让公司倒闭！"

本茨要求销售员必须找到那位想买车的年轻人，并让他告诉那位年轻人，让他两天后来取车。

两天后，那个年轻人再次来到奔驰公司，一进门，他就看到了他所要的那种颜色的车。

但他还是不满意，他说："我想要的车不是这个规格的。"

这次，接待年轻人的是一位销售经理，他的阅历很丰富，但他还是觉得年轻人太不近人情了。但他毕竟是经理，什么都忍得住，他热情地问年轻人需要什么规格的，并保证一定满足要求。

年轻人说出了他理想中的规格，还把具体的车型、样式都描述了一遍。销售经理认真地记录下来，然后告诉他："三天之后，请您来我们公司取车！"

又过了三天，年轻人来了。

车已经准备好了，年轻人也很高兴。接待他的，还是那位销售经理。经理想：这回该能够把他打发走了吧？

没想到，年轻人试开了一圈后，却说："要是能给轿车安装个收音机就好了，那我开车出去的时候还可以听到动听的音乐，这样多好啊。"

这次，销售经理对他的要求显得有些吃惊。因为当时收音机刚问世不久，应用不多，而且很多人认为在汽车上安装收音机容易导致车祸。

销售经理谨慎地问："先生，您真的很想安装一个吗？"

连年轻人自己都觉得过意不去了，因为已经提了不少的要求。但他确实想有一个收音机，于是他不安地点了点头。

"那您下午来取车，好吗？"

下午，年轻人终于买到了他中意的轿车。

顾客想要什么，就有什么！这样的创新能力，有几个企业能够做到呢？

为什么有那么多人选择奔驰？

因为其服务。

看了上面这些叙述，如果你有那份财力的话，相信你也一定会选择奔驰。

"可口可乐"的诞生

美国亚特兰大市的一位名叫约翰·斯泰斯·潘伯顿的药剂师，应该是值得我们永远记住的人物，是他发明了如今风靡世界的可口可乐。它的风靡如今看来当归功于它的名字。

当时，潘伯顿想到了开发这种饮料，但他面临的最大困难是没有资金。于是，他找到了当地的土财主鲁滨逊，提出了和他合伙开发的设想。

鲁滨逊在尝过这种饮料之后，答应了他的合作要求。在合作条件谈妥之后，潘伯顿想借助鲁滨逊的财力，便把为饮料命名的权力交给了鲁滨逊。

鲁滨逊一口答应下来，但他在思索一段时间之后，却感到给饮料命名并不是一件简单的事情。他把词典翻了好多遍都没有找到一个满意的名字。一天下来，脑袋已经昏昏沉沉了，吃过晚饭后，鲁滨逊坐在书房的椅子上，竟不知不觉地睡着了。一觉醒来，已经是凌晨两点多钟了，他想只是按照饮料的特性起个名字算了。他一想饮料是清凉的，可以用"冷"（Cold）来代表，可一个"冷"字也不能成为名字，必须再加上一个字才行啊。他又开始在字典上查找，结果还是一无所获，他沮丧地把字典丢在了一边。

恰好这个时候公鸡打鸣了。他眼前一亮，"对了，就用公鸡（Cock）这个单词吧！"可是不管是"公鸡冷的"还是"冷的公鸡"，都不可能成为饮料的名字。

他信步走到院子里，看到天空中一颗流星划过，这又引起了他的灵感：把"公鸡"和"冷的"单词换个字母不就行了吗？于是他把"CockCold"中的"k"和"d"都换成了"a"，这样就变成了"Coca Cola"。

第二天，潘伯顿看到这个名字时，疑惑地问鲁滨逊是什么意思。鲁滨逊说："它本身有什么意思我也不知道，可是你再看看它的字母结构，你不觉得很有意思吗？"

潘伯顿仔细地看了一下，又连念了几遍，顿时大悟："太妙了，除了你，再也没有人能想出这么好的名字来，既好拼，又好念，又容易记住，就连小朋友看了一遍都会记住它，作为名字真的是再好不过了。"

就这样，世界著名的可口可乐品牌诞生了。

今天，在世界任何地方，只要你提到"CocaCola"，听者就会想起那神奇的饮料。而且，这一名字音译成中文后，也很有意思："可口的可以快乐的饮料。"

但如果叫别的什么名字呢？肯定就没有这种效果了，世界上饮料品牌不计其数，你记住几个了？那些不曾被你记住的，在一定程度上就是因为没有一个好记的名字。

"百事可乐"你记住了。那是因为百事可乐也有一个好名字。如今，在中国，朋友之间相互祝福，会说祝你"百事可乐"，那意思是"祝你一切事情都快乐"之意。

取个好名字绝对不是一件小事情。你知道美国埃克森（EXXON）标准石油公司原来叫什么名字吗？它原来叫埃索（ESSO）标准石油公司。埃索公司为了在美国及世界各地实现名称和标志统一，他们动用了心理学、语言学、社会学、统计学等各方面专家，调查了世界上55个国家的语言，走访了7000多人，对一般群众的心理、感情等进行调查，查阅了1.5万个电话簿，通过计算机制作了将近1万个名字，前后花了6年时间，耗资10亿美元，才有了如今埃克森（EXXON）这一名字。

6年，10亿美元，你有胆量这么去做吗？

产品的名字和人的名字一样都是区别于他人和其他产品的重要标志。你可以不搞得这么隆重，但你必须重视名字。

用尽全力时别忘了外力

有一个故事，说的是父子两人在沙滩上玩，父亲让儿子搬一块石头，儿子太小，怎么也搬不动。

"你用尽全力了吗？"父亲问。

"用尽了。"

第 08 章
成功的管理就是简单又轻松

"你没有用尽,还有一种外力你没有用,你为什么不请我帮忙呢?"

这个简单的故事,包含着深刻的哲理,它告诉你:你所具备的力量中,包括外力。

很多创业者都恪守着这样一种原则——"用尽全力"。可他们狭隘地理解了这里的"力",以为就是自己所具备的力量,结果他们只能做有限的事情。相反,另一些创业者认为,"用尽全力"中的"力"包括外力,他们不仅将自己的力用尽用好,还用别人的力为自己办事。

外力是无限的,善于借用外力的人,能创造无限的奇迹。

乔治之所以成功,是因为他借用了佛雷公司的知名度。美国黑人大都喜欢用佛雷公司的化妆品,所以在很长一段时间里,美国黑人化妆品市场曾被佛雷化妆品公司独占。

就在佛雷化妆品公司的鼎盛时期,该公司的一名推销员乔治·约翰从公司辞职了。乔治独立门户,创建了约翰黑人化妆品公司,他有很强烈的愿望要超越佛雷公司。开始创业的时候,他遇到了大多数创业者同样的问题,缺乏人力、财力。他只有区区 500 美元资金,员工也只有寥寥几名,而当时的佛雷化妆品公司,已经是声名远扬的大企业了。如此差距,不要说超越,就是要立足都是很困难的。

乔治利用了"集中战略",集中有限财力,经营专一的产品,服务于特定的市场。于是,他选择了生产一种粉质化妆品。

他打出的广告也是匪夷所思的:"当你使用佛雷公司的产品化妆之后,再擦上一点约翰的粉质膏,你将会收到意想不到的效果。"

这不是给竞争对手打广告吗?谁这么犯傻啊?同事们都对他很不理解,说他这哪里是在和佛雷公司抗衡,简直就是在帮佛雷公司嘛。还有人说他这样只会让佛雷公司越来越火,而自己不会有什么起色。总之,支持的声音没有听到,反对的声音一大片。

但是约翰不认为他的做法有误,他认真地向同事们解释:"你们想想看，现在知道我叫约翰的人很少，要是我能想办法站在美国总统身边的话，我的名字很快就会家喻户晓。同样的道理，在黑人化妆品市场中，佛雷公司的化妆品就好比是美国总统，如果我们的产品能和它们的名字一起出现，明里是捧佛雷公司，实际上却抬高了我们自己的身价。"

果然，约翰的化妆品公司很快成为佛雷公司的竞争对手，生产的产品家喻户晓，并在短短的几年里成功地超越了佛雷公司，成为美国最著名的黑人化妆品公司之一。

有创新才有成功

作为一个管理者，最大的失败就是因循守旧，固守模式，要知道没有创新就没有发展，更没有成功。

哥伦布发现新大陆，那可是一件了不起的事情。可是，在当时，却有不少人不以为然，他们说："有什么了不起的，我坐船一直朝新大陆方向前进，不也一样能够发现新大陆吗？"

在一次宴会上，又有人表示了这种不以为然的看法。哥伦布没有和他争辩。他淡淡一笑，从盘子里拿出一只鸡蛋，对大家说："请问在座各位，谁能把这只鸡蛋竖起来立在桌子上？"

在座的人都试了，可一个人也没能把鸡蛋竖起来。

哥伦布又是淡淡一笑，他拿起鸡蛋，把一头轻轻地敲了一下，然后成功地竖了起来。

"敲一下，就这么简单啊！"大家说。

"现在你们看到我怎么竖起来的了，你们才知道没什么了不起。"哥伦布说，"可是在这之前，你们想到了吗？"

大家一片沉默，再也不说自己也能发现新大陆的话了。

这个故事说明了一个道理：突破才有创新。

第 08 章
成功的管理就是简单又轻松

在管理史上，福特式生产为工业的发展立下了汗马功劳，虽然后人看来，是那么简单。丰田式生产也为工业发展立下了汗马功劳，并且在现在看来，也是很简单的。可是，这两种生产方式，都是历史性的突破，并且，后一种又是对前一种的突破。

当我们回首过去 100 年的管理历史，我们发现，百年管理始于弗雷德里克·泰勒提出的科学管理。最早也是最成功地运用科学管理的是福特公司，福特公司的流水线作业和大规模生产，使它成为"汽车王国"。福特的经验，对汽车业，乃至整个现代工业都产生了不可估量的影响。

在 20 世纪中叶之前，汽车业所遵循的是"福特式"生产管理。这一模式，可以实现规模生产效应，可以最大限度地降低单位成本。比如，在同样的固定费用支出下，每小时生产 10 辆汽车的成本，显然要低于每小时生产 1 辆汽车的成本。当然，这一模式有一个前提，那就是企业处于生产导向经营阶段，生产出来的产品都能卖出去。如果卖不出去，生产越快，损失就越大。

随着市场需求的多样化和消费者追求个性的意识日渐强烈，生产导向开始向市场导向过渡，大规模大批量的"福特式"生产，日益暴露出其缺陷。比如，制造过程中物流配置不合理，强大的生产能力与市场需求矛盾十分突出，不开机则罢，开机即是大量产出，产品积压接踵而至。

当时，很多人都在分析福特式生产的缺陷，包括通用汽车和丰田公司。通用汽车公司首创了市场细分，以市场需求为导向，生产出更多品种和款式的汽车，以满足不同消费者的需求。但是，"福特式"生产显然无法满足市场细分所提出的要求。丰田副总裁大野耐一对福特式管理进行了深入分析，同时结合通用的市场细分战略，于 1953 年创造了 JIT 管理法，即适时生产（just in time，意思为在需要的时候，按需要的产量生产出需要的产品），该方法综合了批量生产和单件生产的特点和优点，创造了一种在多品种小批量混合生产条件下高质量、低消耗的生产管理方式。这一管理创新，使丰田迅猛崛起，同时带动了整个日本工业的发展。

当我们对一些企业负责人说到创新的重要性时，常常听到这样的话："我们什么条件都没有，拿什么去创新啊？"

这样的回答使我们想起1972年发生在新加坡的事。

当时，新加坡旅游局向总理李光耀提交了一份报告，报告中说：我们旅游资源太缺乏了，没有中国那样的长城，没有日本那样的富士山，没有夏威夷那样的海浪……我们除了阳光，什么都没有。要发展旅游业，实在是太艰难了。

李光耀看过报告后，批示道：有阳光就够了！

阳光，是一种宝贵的资源，可又是一种多么平常的资源啊！但新加坡利用这一资源，大种花草，使新加坡成为世界著名的"花园城市"，吸引了世界各地无数的游客。

这个故事不是很有启发意义吗？只要企业里还有人，就还有创新的可能。你比别人创新多一点点，就必然领先一点点。福特的成功是创新的结果，丰田的超越也是创新的结果。

如果把企业比作一棵树，那么创新就是树上的新芽。没有创新就没有成功。

AOL的成功之道：贴近消费者

提起美国在线（AOL），人们常好奇于它的顽强生命力。许多年来，几乎所有的分析家都断定AOL必败无疑，但绕过激流险滩，AOL至今活跃在网络世界。实际上，AOL不是互联网时代的暴发户，它以整整10年时间创造需求。这背后，凝聚了公司总经理史蒂夫·凯斯的辛劳。

早在少年时代，凯斯就随同哥哥体验"经商"获利的乐趣。从上门推销种子、贺卡，到卖广告信件、发送报纸……这对两个有着舒适生活的

第 08 章
成功的管理就是简单又轻松

孩子来说,"更是一种挑战,是对观念的追求"。成年后,凯斯为宝洁公司推销卷发器,以及替必胜客品尝新式比萨饼的经历,使他明白商业的成功一定要使产品贴近顾客需求。有人认为,凯斯正是以这种精神支持着 AOL 屡战不败。

当时,27 岁的凯斯还是企业界的无名小辈,他专用 Com-modore 计算机推出一项聊天服务。他深深沉迷在自己的电脑空间里。"我就像来自另一个星球。"他回忆道。

后来,已成为美国在线(AOL)公司总经理(CEO)的凯斯,所做的努力就是如何将电脑爱好者的小社区推向大众市场,如何将计算机网络成功地变成娱乐和新闻的全新媒体。到 1996 年,他的 AOL 公司已拥有 500 万用户,每周有 7.5 万人加入,到 1998 年底已突破 1200 万人。AOL 已经成为网络时空中最重要的潜在力量。

AOL 的成功,使计算机和通信业最大的两巨头 Microsoft 和 AT&T 也垂涎不已,并开始启动各自的网络计划。AOL 将微软的浏览器 IE 推向用户,而微软前所未有地作出承诺:将 AOL 软件与 Windows95 捆绑。AT&T 则将 AOL 引入其 8000 万用户的 WorldNet 服务中,使得当时的竞争对手 Prodigy 和 CompuServe 仓促应战。

AOL 奇迹般地打破了分析家的预言,在那时,许多分析家都认为 AOL 必败。即使到了 1993 年,公司仍出台强大的市场推广活动,以夺取市场份额。评论家们仍然说凯斯将遭挫折,AOL 将失去控制。的确,有众多理由可支持这种观点。AOL 寄出了大量的磁盘和免费试用账号,吸引成千上万的用户,使公司网络常常超载,使 AOL 获得了"America On Hold"的绰号。AOL 的一系列的策略非但没有使公司赚到钱,而且使原有的用户受到很大的冲击。几乎与此同时,微软也正准备涉足在线服务,这对 AOL 来说无疑是一场巨大的威胁。

实际上,真正笼罩在 AOL 之上的最大的阴云还是互联网。通过万维网，内容提供商可直接获取千百万用户，谁还需要 AOL 呢？市场顾问公司 Forrester 曾预测，1995 年随着消费者转向万维网，AOL 的新订户将徘徊不前。但是 Forrester 错了，凯斯掏出 3500 万美元建造了自己的数据网络，而且大胆地张开怀抱，AOL 的万维网业务也一举成功。

每一个人碰到凯斯，都会问："你是靠什么生存下来的？"其中的秘诀就是公司独特的定位。凯斯始终认为 AOL 的发展过程中没有多少远见卓识，它的成功仅仅是因为贴近了消费者，而不像竞争对手那样一味沉迷于技术之中。凯斯的公司几乎有所有大公司的投资，因此他们总会向凯斯献殷勤。这样做也有坏处：凯斯个人的股份一再被稀释，使其个人财富始终不高。1992 年 AOL 公开上市，价格每股 1.84 美元，经过数次拆股和配股，1997 年达到 50 美元以上。1996 年，AOL 市场价值达 50 亿美元，为 3900 万美元利润的 132 倍，37 岁的凯斯，拥有了 1.65 亿美元的纸上财富。而到了 1998 年年底，市场价值更是奇迹般地升到 710 亿美元。

凯斯 1980 年毕业于 Williams 大学，在宝洁公司干过两年。这种经历使他能更接近普通消费者。"计算机业的博学者们完全脱离消费者，这是个巨大的错误。"凯斯表示。

凯斯的秘密就是他找到了办法，让消费者更喜欢计算机。他这样说道："看看 AOL 的用户群，全是普通百姓，他们是真正的消费者。"他认为业内人士和竞争对手一再批评 AOL 的技术，这是高科技产业极端骄傲自大的表现。高科技、媒体和电信巨头们都进来插手这一全新的大众市场。从微软、迪斯尼到默多克的新闻公司都渴望建立自己的在线帝国。AT&T 和 MCI 等电话公司也开始介入互联网访问服务，与千百家当地的 ISP 展开竞争。但凯斯深信，与芜杂的互联网相比，大众会更青睐 AOL 的舒适。凯斯继续加大赌注，准备建造全国性的互联网骨干网，规模超过 AT&T。而且他将继续增加内容，比如增加一系列网上出版物，旅游等目录也将大大扩充。

第 08 章
成功的管理就是简单又轻松

搭"顺风车"是成功的捷径

盖茨称得上是个伟大的管理者,他懂得惟有与强者联盟,才能使自己变得更加强大。所以,他从始至终愿意跟任何有助于自身成长的个人及公司合作。他将激情传导给自己的追随者,而将善意传导给那些业务伙伴。微软公司呈现出人财两旺的顺景,并逐渐在市场中崭露头角。

1980 年 8 月的一天,IBM 公司有人给比尔·盖茨打电话,说有两个人希望会见他,请他安排一个时间。比尔·盖茨不以为意,以为不过是一件普通的生意洽谈,因为此前 IBM 公司曾与他商量过购买软件的事。他这天刚好有个约会,便告诉来电话的人,说会晤是可以的,但只能定在下周。对方却没有理睬他的话,只是说,这两个人是 IBM 公司的特使,两个小时后就将飞到西雅图。

比尔·盖茨做梦也没有想到,大名鼎鼎的 IBM 公司的人会派特使主动来访。他马上意识到事关重大,就毫不犹豫地取消了原来的约会,打起精神准备迎接 IBM 公司的特使。

IBM 公司,即全球国际商用机器公司,创建于 1911 年。20 世纪 20 年代,它是最大的时钟制造商,后来又研制成电动打字机并独霸市场。从 1951 年起,这家公司开始经营电脑。到 20 世纪 70 年代,它控制了美国 60% 的电脑市场和大部分欧洲市场。由于这家公司数以千计的经营人员身着蓝色制服出没于世界各地,所以被人称为"蓝色巨人"。

到 1980 年,IBM 公司已有 34 万雇员,在电脑硬件制造方面独占鳌头,占据了 80% 以上的大型电脑市场。而且他们的软件也一向自行设计,不依赖微软公司之类的软件设计公司。这也是比尔·盖茨对 IBM 公司没有多大热情的原因。

那么,IBM 公司为什么派特使"下顾"微软这家小公司呢?原来,

IBM公司一向致于发展大型电脑，对微型个人电脑不屑一顾。当微型电脑市场呈现蓬勃之势时，IBM公司才意识到犯了一个大错误。为了迎头赶上，公司决策层打算收买发展潜力最佳的苹果公司。然而苹果公司正在走鸿运，并没有出售的打算。

于是，IBM公司决定实行"象棋计划"，组成一个委员会，专门负责开发自己的个人电脑。委员会的成员详细研究了苹果公司及其他一些公司在这一领域领先一步的经验，得出两个结论：一是鼓励和支持那些独立的软件开发公司，让它们大量开发软件；一是建立起一个公开的结构，带动一大批软件公司发展。委员会决定按这个路子走。这等于改变了IBM公司过去一切"自力更生"的传统。为了日后的宣传造势，这个委员会决定与其他公司秘密合作，以取得一鸣惊人的轰动性。这个委员会发现微软公司在众多软件公司中特别引人注目，该公司包括BASIC在内的几个基本软件已经在微型电脑领域成为标准，它的产品销售量每年都要翻一番，显示了很强的发展前景。因此，该委员会决定同微软公司接触。

虽然比尔·盖茨对那个电话的确切含义还拿不准，但知道肯定是一件大事。为稳妥起见，他找史蒂夫·鲍尔默一起来商量。鲍尔默也猜不透IBM公司的用意何在。但他也同样认为，对IBM特使的到来，应该认认真真地对待。

会晤那天，他们穿得整整齐齐，这种情况在微软公司实在是不常见的。在这里，人们惯常的装束是圆领衫、休闲裤和耐克运动鞋。也许是没穿惯西装的缘故，比尔·盖茨的西装很不合适，也没有派头。所以一开始，IBM的特使萨姆斯和哈灵顿还以为比尔·盖茨不过是微软公司的一个办事员。但是很快，他们的想法改变了，他们认为比尔·盖茨是他们所见过的最了不起、最聪明的人。这就叫做"行家一出手，便知有没有"。

鲍尔默也参加了那天的会谈。在会谈之前，他们被要求先在IBM公司的协议上签字。协议规定任何一方都不得泄露专利信息和与IBM合作的秘密，但可以自由地披露讨论中没有限制的内容。

为了保密，萨姆斯和哈灵顿并未透露 IBM 的"象棋计划"，只是暗示 IBM 正在考虑某种项目，可能是和另一种电脑一样的插入式卡，还说这是一个紧急任务。萨姆斯掌握了许多微软公司的情报，但他没想到微软公司已经有了 40 名雇员和一个很不错的办公室。他掌握的是微软公司几个月前的情况，他的确想不到这家小公司的发展会这么快。萨姆斯相信微软公司能够成功地为 IBM 搞出软件来。但能否按 IBM 提出的日子交货，他还是有些担心。萨姆斯对安全问题尤其担心，在他看来，以比尔·盖茨一伙人的本事，很容易偷窃一两个 IBM 技术，为此，他要求比尔·盖茨必须减少这方面的危险。萨姆斯和哈灵顿返回 IBM 时，对微软公司已有了底，他们确信这伙年轻人的确是能干大事的人。

比尔·盖茨对 IBM 公司的主动合作既惊讶又惊喜。这是美国电脑市场上最大的一家客户，一个小小的软件公司能够同它做成生意，真是一件了不得的事。再看 IBM，果然与众不同，不论是经济实力、技术实力、管理水平还是市场形象，无一不显示出一派大家风度。只不过，合作项目到底是什么，比尔·盖茨还猜不透，因为 IBM 公司的特使没有说明。

1980 年 8 月 16 日，IBM 公司终于确定该合作项目是开发 8088 芯片。此前，IBM 公司还给微软公司送来 3 页正式文件，上面详细说明了微软公司应履行有关保密责任的临时条款。文件上说，对于 IBM 的机密消息，微软公司不得泄露给第三方，同时必须采取防止泄密的措施；IBM 可以在不预先通知微软公司的情况下，随时检查微软公司履行保密责任的情况。此外，该协议还规定，IBM 不愿意接受微软公司方面的机密信息，因此也不负保密责任。

这个临时条款，使 IBM 立于不败之地。而微软公司却丧失了很多权利，稍有闪失，将付出很大的代价。如果微软公司不慎泄露了 IBM 公司的秘密，将承担法律责任；而微软公司的秘密为 IBM 公司所用，连官司也没法打。尽管比尔·盖茨知道这是一个"不平等条约",还是爽快地签了字。因为他知道,除非他不想与IBM公司做生意,否则就没有讨价还价的余地。

虽说IBM与微软签订的条约被认为是"不平等条约"。但是,即使是"不平等条约",这也是来之不易的。自从签订了这一"不平等条约"之后,微软开始渐露王者之气,之后,微软频频与IBM、苹果等大公司合作。因为,比尔·盖茨深知,只有靠和强者合作才是微软走向成功的捷径。

最重要是要有远见

名扬海内外的李嘉诚有许多成功的诀窍,他说:"最重要的是要有远见。"远见从何而来,他经常留意供求关系,观察供求对比以及市民的购买力。作为一个管理者如果缺乏远见,那么他的企业必将沦至穷途末路。

在众多的经济情报面前要使用很多头脑去加工整理,这些头脑不是一般头脑,而是有丰富知识的头脑、专家型的头脑。从而使每项预见、预测都建立在坚实可靠的基础上。

李嘉诚是个很注重实效的企业家。很多企业家都在追求高效益,但都没有得其真经。其实高效不是能强求来的,你必须要有远见,根据市场的发展动向,预测未来事物的成长,只有这样才能在市场上找到高效益的突破口。如果没有任何预见性,是不会取得成功的。

就像战场上、文坛上有天才一样,商业中也有天才。李嘉诚先生就是少见的天才,他的预测,百试不爽。

1958年,李嘉诚看到香港几乎每一个公共场所、办公室乃至每一个家庭,所有装饰都离不开塑胶花,连朋友送礼也要送塑胶花。而这些繁复的塑胶花装配工作被很多家庭视为副业,街头巷尾之间的妇孺都踊跃参加制作，香港因此而成为塑胶花的海洋。任何事物的发展都会物极必反，装饰用的塑料花也如此。虽然当时欧美塑胶花市场盛极一时，但不久的将来，崇尚新潮、新鲜的欧美人士必然会种植活色生香的鲜花来增添生活情趣。

李嘉诚果断地决定马上"转轨"，重新生产塑胶玩具。他开始减少塑胶花生产线，从事塑胶玩具的生产。一方面成批引进新式全部自给自足的生产设备，其中包括有设计及制模部、注塑成型机、吹塑成型机、环塑成型机系列机械化自动装配线，以及玩具衣服的缝纫制作设备等等。另一方面，开展广告宣传，使长江生产的塑胶玩具逐渐跻身国际市场，源源不断地把产品打入国际市场。

1964年以后，塑胶花在香港受到人们的冷淡。所有塑胶花生产厂家和塑胶花经销商，都在产品积压下压低了价格。而在塑胶花战场上激流勇退的李嘉诚，已开始生产塑料玩具。长江的塑胶玩具不但畅销欧洲、美洲、澳洲甚至南非等国，在香港也占有很重要的地位。

无论如何，一个善于捕捉机会的人，总是能够洞察先机，抓住机遇，努力拼搏，他始终有一颗强烈进取、不断革新、探索新方法的心。寻找出奇制胜的途径来发展公司业务的李嘉诚，从第一次做业主的经验中，更加体会做业主的广阔前景，深知随着香港工商业的迅猛发展，房地产在商业界中占着极其重要的地位，并且很有发展前途。

把握时机，审时度势。研究、准备时要细心，等待机会时要耐心，作出决定时要果断，重大决策要有预见性，走在别人前面是很重要的。

巴菲特的管理理论

"选择少数几种可以在长期产生高于平均效益的股票，将你大部分资本集中在这些股票上，不管股市短期跌升，坚持持股，稳中求胜。"这是巴菲特的集中投资思想。同样，很多的成功企业也都是选择了一些有前景的领域，集中资源，长期坚持不懈经营的结果。管理，其实很简单，就像巴菲特对投资的看法一样。

如果研究巴菲特的投资思想，我们就会发现，这些原则也是企业家应该遵循的原则。事实上，如果用这些原则指导我们做企业，每一个普通人都可以作出令人吃惊的成绩来，就像运用巴菲特原则投资股市会取得超常的结果一样。

巴菲特的第一个投资原则是"找出杰出的公司"。这个原则的基础是这样一个常识：即一个经营有方、管理者可以信赖的公司，它的内在价值一定会显现在股价上。所以投资者的任务是做好自己的"家庭作业"，在无数的可能中找出那些真正优秀的公司和优秀的管理者。将这条原则用于企业，我们需要做的不是——像大部分人买股票一样——抓着一切可能的市场机会，而是耐心、细致地寻找出自己"最杰出的市场机会"，然后苦心经营。每一个机会都有代价，就像买了一种股票之后你就没有足够的钱去买其他股票一样。只有一些大机会才是值得你投资的。

巴菲特的第二个原则是"少就是多"。对一个普通人来说，他认为只要有三家公司的股票就够了。他的理由同样是基于一个常识：买的股票越多，你越可能购入一些你对之一无所知的企业。而通常你对企业的了解越多，你对一家企业关注越深，你的风险越低，收益就越好。应用到企业上，就是要集中和专注于少数几个自己最有优势的领域，而不是盲目地多元化以求降低风险。实际上，有很多企业在依靠专注取得第一桶金之后又把挣到的钱浪费到了多元化的领域，最后又回到了起点。

巴菲特的第三个原则是"押大赌注于高概率事件上"。也就是说，当你坚信遇到了可望而不可即的大好机会时，惟一正确的做法是大举投资。这也同样基于一个常识：当一个事情成功的可能性很大时，你投入越多，回报越大。真正优秀的企业家也具备这样的素质，就是看准了方向之后会集中自己的力量取得突破，而不是照常人的思维分散自己的资源以求保险。做企业家是要有知而后行的胆量的。

巴菲特的第四个原则是"要有耐心"。他有一个说法，就是短于5年的投资是傻子的投资，因为企业的价值通常不会在这么短的时间里充分体现，你能赚到的一点钱也通常被银行和税务局瓜分。同样，做一个企业，也要有耐性。世界上只有20％的创业企业能坚持到5年以上，但通常坚持下来的企业都有很好的回报。

巴菲特的第五个原则是"不要担心短期价格波动"。他的理论是，既然一个企业有内在价值，它就一定会体现出来，问题仅仅是时间。而世界上没有任何人能预测出什么时间会有什么样的股价。事实上，巴菲特从来不相信所谓的市场—股价预测，他惟一相信的，也是我们能够把握的，就是对企业的了解。同样，做企业也有上上下下，如果我们不像一般人一样，企业有点问题就急于放弃，稍有一些起色就得意忘形，而是长期地苦心经营，那么，每个人都能取得经营上的成功。

一个企业家会考虑自己的资本——即企业会怎样；一个投资家，只会关心价格会怎样，这是两者的根本区别。同样，一个"企业家"会努力经营自己的企业，而一个"商人"则更关注企业的价格。对我们大部分人来说，老老实实地做"企业家"，成功的概率要比做一个包装、买卖企业的"商人"更大。

管理得越简单越好

从某种意义上说管理得越少就越简单，换句话说，管理得越简单管理得越好，这是管理灵魂之所在。

一个管理者应能为公司的发展作出远景规划，而且思想与行动统一。此外，他必须能够向本单位的人清楚地描述这个企业，并通过讨论、倾听与诉说来获得一个可接受的共识。这样每一位成员就可以不间断地秉持这些共识，朝成功的目标迈进。

很久以来，企业界对此已经形成了一致的共识，那就是管理者只要能监督部下工作就行了。管理者的职责就是监视、监管、监控，他们沉浸于文山会海之中，失去了与现实的联系，基层人员根本没有展示自己潜能的机会。

什么是最好的管理方式？是紧紧控制还是无为而治？是尽可能地紧握还是放手让员工去干？到底怎样才是合格的管理者？

伊梅尔特认为，管理得越少，管理得越好。这个通用电气的前首席执行官一直督促他的业务领导者去创造一个新形象而摆脱旧有的形象。在他看来，过多的管理促成了懈怠、拖拉的官僚习气。正如他的上司杰克·韦尔奇所说："无能的管理者摧毁工作。他们是企业的、同时也是工作的杀手。"

伊梅尔特认为，机械多层的管理者使各项活动变得迟缓。他认为，在很多公司，过多的管理促成了懈怠、拖拉的官僚习气，这样会毁掉公司。

伊梅尔特认为，今后的这个世界属于那些热情而有魄力的领导者——他们不但精力充沛，而且还能激励他们所领导的人。领导者常常跟他们的雇员谈话，与他们的员工交谈，使雇员们脑海中充满美好的景象，并让他们在自己都认为不可能的地位层次上行事。然后领导者们只要让开道路就行了。

伊梅尔特认为，好的领导者最重要的是要放得开。他们必须保持上下沟通，去与人接触；他们不会固定在一处，他们不会拘泥于礼仪，他们会与人们直率来往，让人感觉亲近。